Le Beau Garçon, Ou Le Favori De La Fortune, Volume 2...

John Seally, Jean B. Robinet

LE BEAU
GARÇON.

CHAPITRE PREMIER.

CERTAINEMENT, dit Patrick,
toutes les femmes ne font pas auſſi
fauſſes, auſſi ingrates, ni auſſi vicieuſes
que Lady Walter, Sophie, & les deux
autres que j'ai rencontrées hier ; il en eſt,
ſans doute, parmi elles qui méritent
l'eſtime d'un honnête homme ; il en eſt

dont le cœur n'eſt pas l'eſclave des paſſions, ou dont les paſſions du moins ſont
contenues par l'honneur & par la religion… mais comment les reconnoître?
Par tout ce qui m'arrive, ne ſerois-je pas
en droit de croire que la plus libertine
eſt celle qui le paroît le moins par ſes
diſcours, & que la plus vertueuſe eſt
par conſéquent celle dont la légèreté
ſemble annoncer une ame corrompue?
Les Prudes craignent la cenſure, & les
Coquettes la bravent; ſemblables aux
Frippons, les premieres parlent ſans ceſſe
de vertu comme les honnêtes gens, les
autres la pratiquent. Le deſir de plaire
eſt une coquetterie de l'eſprit qui affecte
rarement le cœur, il exige un trop grand
ſang-froid pour ne pas exclure l'amour :
tant qu'une femme ne ſera occupée que

des moyens d'augmenter ſes conquêtes ;
elle ſera néceſſairement à l'abri d'un
tendre engagement. La Prude eſt l'op-
poſé de la Coquette ; ſon ſeul plaiſir eſt
de ſe livrer à ſes tendres penſées, ſon
unique ſoin de les cacher. Son cœur
palpite malgré elle à la vue d'un homme
aimable, & ſes yeux lui déclareroient
ſon trouble, ſi elle n'étoit habile dans
l'art de feindre. Pour une Coquette
ſurpriſe dans un moment de foibleſſe,
mille Prudes ſeroient toujours à la merci
d'un homme qui parlera à leur ſens ou
piquera leur curioſité : graces à mon
étoile propice, Henriette n'eſt pas prude.

Tout en faiſant ces belles réflexions,
notre Héros arriva à Kelles où il s'arrêta.
Pendant qu'on préparoit ſon dîner, il
s'aſſit à la porte de l'Hôtellerie, penſant

à la perte de ses quarante guinées, à la fausseté de Cordelie, & se promettant bien de ne jamais secourir aucune femme dans la détresse.

En ce moment un carosse à quatre chevaux arrive, la curiosité engage Patrick à regarder ce qu'il contient, il y voit une jeune Dame qui, sans être belle, a une figure très-agréable. De son côté elle le remarque & semble dire à une femme qui est auprès d'elle : *mon dieu, le joli homme !* le plaisir qu'elle trouve à le regarder prenant toute son attention, le pied lui glisse en descendant de voiture, & elle tombe dans les bras de notre Héros qui s'étoit précipité galamment pour la recevoir. Leurs lèvres se rencontrerent dans la chûte, & cet accident, joint à la rougeur qui couvre les joues

de la jeune Dame, donne beaucoup
d'humeur à un gros homme qui est
avec elle.

Vous êtes bien impertinent, dit-il à
Patrick, d'oser embrasser cette Dame.

Auriez-vous voulu, reprit-elle, que
Monsieur m'eut laissée tomber, au risque
de me casser le cou ?

Oserois-je vous prier, Madame, de
me dire quel est cet homme, demanda
notre Héros ?

Eh ! Monsieur, quel autre qu'un
Mari pourroit se conduire aussi maus-
sadement.

Comment, Madame, il ne vous a pas
embrassé ?

Quand cela feroit, voyez le grand
malheur ! mais il n'en est rien.

Et moi, je dis que si.

A iv

Et moi , je dis que non.

J'en suis certain.

Et il leva la main pour la frapper.

Frappez , si vous l'osez , dit alors la Dame d'un ton d'héroïne : qui pourroit à vos manières brutales vous prendre pour un Alderman de Dublin , pour le Juge de paix , M. D'Alton : l'auriez-vous pris pour cela , Monsieur ?

Non , en vérité , Madame , répondit Patrick en regardant le Juge d'un air de mépris.

Oh bien , moi , je vous ferai voir qui je suis.

De la modération , M. l'Alderman , de la modération , je vous prie.

Il tremble , dit l'Alderman au maître de l'Auberge , j'aurai bon marché de lui. & se tournant vers Patrick : Je crois ,

-faquin, que vous vous imaginez me faire peur ?

Et enfonçant son chapeau il se campa fièrement devant lui.

Monsieur le Juge de paix , dit alors Patrick très-froidement , je ne doute nullement de votre courage; mais je me ferois un scrupule d'assommer le mari d'une aussi jolie femme que Madame ; d'ailleurs permettez-moi de vous observer que vous êtes un peu trop vieux & pas assez à jeun pour entreprendre un pareil combat.

Vous êtes bien honnête , Monsieur , reprit Mistriss d'Alton en lui lançant un tendre regard.

Vous tenez le langage d'un poltron, dit l'Alderman en mettant son poing sous le nez de Patrick.

Madame, voulez-vous bien m'accorder la permission de donner une petite correction à votre mari?

Oh, Monsieur, je vous l'accorde toute entiere; puisque M. d'Alton est si curieux de se battre, c'est son affaire.

C'est pour vous, ma chère, c'est pour soutenir votre honneur, dit l'Alderman à sa femme, que je vais combattre.

Mais, Monsieur ne m'a pas offensée; c'est vous qui êtes l'aggresseur; il paroît trop bien né pour souffrir tranquillement un affront. Allons, qu'on me donne une chambre, & que ces Messieurs s'arrangent; je vous souhaite bien du succès M. d'Alton.

Et ses yeux disoient à Patrick que tous ses vœux étoient pour lui.

Le bon naturel de femme, s'écria M.
d'Alton, je suis si satisfait de ce qu'elle
vient de dire, que cela m'ôte l'envie de
me battre.

Oh parbleu, M. le Juge, le vin est
tiré, il faut le boire, & vous vous bat-
trez, répliqua notre Héros.

Mais si je ne le veux pas.... si je ne
le veux pas..... reprit M. d'Alton
tremblant de tous ses membres, & en-
gageant par sa triste contenance son
Hôte à les séparer, & ses gens à venir
à son secours.

Allons, M. l'Alderman, défendez-
vous; me voilà prêt.

Eh bien, tant mieux pour vous....
attendez que je le sois aussi.

Alors notre Héros le prenant par
les épaules, & lui faisant faire la pi-

rouette, lui appliqua vigoureusement
le pied à cette partie charnue où Hu-
dybras prétend que réside l'honneur de
l'homme.

CHAPITRE II.

EH bien, mon ami, comment vous trouvez-vous de la bataille, dit Miſtriſſ d'Alton ?

Il doit s'en trouver à merveille, Madame, répondit Patrick; je l'ai guéri de la fureur de ſe battre, & j'oſe vous aſſurer qu'elle ne le reprendra de ſa vie.

Je ferai pendre le Médecin, ou le Diable s'en mêlera, reprit l'Alderman ; allons, notre Hôte, aidez-moi à entrer chez vous; je vais ſigner un committimus, & faire mettre ce coquin-là en priſon.

Vous me permettrez du moins de dîner, M. le Juge de paix, répliqua

notre Héros riant de tout son cœur &
saluant M. d'Alton très-profondément.

Battre un homme de Justice ! un
Alderman de Dublin ! & de plus lui rire
au nez, c'est un crime de haute trahison.

Ne vous tourmentez pas de cette
force pour une bagatelle, mon ami, dit
Mistriss d'Alton prenant son mari par le
bras & l'aidant à monter dans sa chambre.
C'est la fortune de la guerre ; vous avez
été vaincu aujourd'hui, eh bien, demain
peut-être serez-vous vainqueur.

Peste soit du coquin & de son courage!
je croyois qu'il n'en avoit point. Je crains
de ne pouvoir partir d'aujourd'hui de
ce maudit endroit.

Eh, bien, mon cher, nous attendrons
à demain. Asséyez-vous près de cette
fenêtre, le grand air vous soulagera.

Ce drôle-là me donne de l'humeur...
il m'inquiéte ; le baiser qu'il vous a
donné.... n'êtes-vous pas honteuse?...
fi, la femme d'un Alderman de Dublin
se respecter assez peu pour souffrir un
baiser de la part d'un faquin de cette
espèce ! je n'aurai pas le cœur de vous
embrasser d'un mois.

Vous êtes prodigieusement délicat...
Eh bien, si vous ne m'embrassez pas...

D'autres s'en chargeront ; n'est-ce pas
cela que vous voulez dire?... Juliette, ces
airs-là ne vous réussiront pas avec moi,
je vous en avertis.... Sans vous, sans
votre espèce d'approbation, ce maudit
scélérat n'auroit osé me toucher, vous
l'avez poussé à me battre.... Eh bien,
ne voilà - il pas encore que vous le
cherchez des yeux?.. nierez-vous le fait?

Quel mal y a t-il donc , Monfieur , à regarder un homme bien fait ? Toutes les fois que je vous ai vû lorgner de jolies femmes , (& cela vous eft arrivé fouvent ,) ai-je été vous en faire des reproches ?

Oh ! le cas eft bien différent , . . . mais allons , plus de querelle. . . . verfez-moi un verre de vin.

Un homme de votre âge , infulter un jeune homme pour une bagatelle !

Un homme de votre âge ! . . . mais finiffons. . . . plus de querelle ; venez , baifez-moi. . . . plus de querelle.

Vous embraffer après les indignes foupçons que vous avez eus fur mon compte ? . . . non , certes , je n'en ferai rien. . . . Vous ne méritez pas une femme auffi honnête que je le fuis. . . . .

J'avois

J'avois tort, ma mie, pardonnez,...
allons, embraffez-moi,.... plus de
querelle.

Chaque jour vous dites la même
chofe.... Je fuis bien malheureufe,..
je vous aime trop,.... fi j'étois coquette,
je crois avoir affez de charmes....

Je le fçais, je le fçais, j'avois tort, ne
vous chagrinez pas, Juliette ; je ne puis
fouffrir de vous voir pleurer.

Pourquoi donc me tourmenter fans
ceffe ? Vous êtes jaloux de tous les
hommes que je vois ; fi ce n'eft l'un,
c'eft l'autre ; je ne puis ni regarder, ni
parler, ni fourire, ni lire, ni écrire, ni
penfer, que vous ne vous imaginiez que
j'aime quelqu'un & que je cherche à vous
trahir?... C'eft un fupplice continuel ;...
ah! certainement vous me ferez mourir...

II. Partie.   B

Ma chère Juliette, oubliez le paſ-
fé.... Je ne ſerai plus jaloux, je vous
le promets.... Allons, plus de querelle.

Tandis que tant de jeunes maris ſe
ruinent pour des femmes, qui (vous
me l'avez dit ſouvent) ne ſont point
auſſi jolies que moi, n'êtes-vous pas
ſans ceſſe à me reprocher des dépenſes
dont je ne ſuis pas même l'objet ? Me
voyez-vous partager tous les plaiſirs
dont jouïſſent les femmes de mon âge,
de mon rang & de ma fortune ? Notre
voiſine, la femme du Député, ne m'é-
clipſe-t-elle pas en bijoux, en ajuſtemens & en équipages ? Me voyez-vous
donner des bals & des aſſemblées ? Je
ne vis que pour vous, & encore, vous
vous plaignez de moi !

Je ne m'en plains pas . . . . tant s'en faut. . . . Je fuis trop heureux . . . . plus de querelle, ma chère Juliette. . .

Un bon politique fongeroit du moins à contenter ma vanité. . . . Cette paffion fatisfaite feroit diverfion aux defirs qu'un homme de votre âge ne peut trop. . . .

La paix, la paix, ma chère Juliette, plus de querelle. . . . Tenez, voici un billet de cinquante guinées fur mon Banquier. . . . Eh bien! la paix eft-elle faite?

Vous ne ferez plus jaloux?

Non, non.

Allons, je confens à vous embraffer. . . . là . . . . je vais appeller pour le dîner.

Alors elle fe mit à la fenêtre & ap-

B ij

perçut notre Héros, dont les yeux....
les yeux..... Elle entendit leur langage.... Y répondit-elle .... c'eſt ce
que nous verrons dans le Chapitre ſui-
vant.

CHAPITRE III.

JE souffre si cruellement, dit l'Alderman, que j'ai peine à me soutenir.

Un pouding qu'on lui servit alors, mit fin à ses complaintes, & semblable aux eaux du fleuve Lethé, lui fit oublier le passé. Le dîner se trouvant heureusement de son goût, la joie rentra dans son cœur, & il remercia le Ciel de lui avoir donné un bon appétit & les moyens de le satisfaire. Mais dès qu'on eut desservi, ses esprits tomberent, sa bonne humeur s'évanouit, & le sentiment de ses peines renouvella sa colère.

Peste soit du scélérat, s'écria-t-il, en essayant, mais en vain, de se lever!

B iij

Je voudrois bien fçavoir qui il peut être, dit Miftriff d'Alton.

Qui ? un vagabond, ou un voleur de grand chemin, reprit le mari ; car, quel autre n'auroit pas refpecté un Alderman de Dublin ?

Oh ! à cet égard, mon cher ami, convenez que ç'eft un peu votre faute, . . . vous avez été l'agreffeur : pouvoit-il penfer à votre dignité, lorfque vous l'oubliez vous-même ?

Fort bien, prenez fon parti, le parti d'un vagabond contre moi !

Je ne prends point fon parti ; à Dieu ne plaife, mon cher, mais je fuis jufte. Tenez, vous buvez un peu trop le matin ; en vérité, vous buvez trop . . . . . L'eaü-de-vie finira par vous tuer, vous le verrez.

Je n'en ai bu que trois verres en at-tendant que vous fussiez prête, & vous n'ignorez pas que ce n'est rien pour moi.

Notre Hôte sçait peut-être qui il est ; voulez-vous que je le sonne ?

Vous me ferez plaisir.

L'Hôte monta, & répondit aux in-terrogations de l'Alderman d'une ma-nière satisfaisante pour sa femme.

Son air annonce ce qu'il est, dit-elle à elle-même, j'ai deviné d'abord que c'étoit un homme bien né, & il y a dix à parier contre un, que je lui tiendrai ce que mes regards lui ont promis.

Eh bien ! ma chère, que dites-vous du compte qu'on nous rend de ce jeune homme ?

Je dis que je suis fâchée qu'il appar-

tienne à Sir James Walter ; la façon
dont il vous a traité m'auroit fait defirer
qu'il eût été en votre pouvoir de le faire
punir.

Oh! puifqu'il eft de condition , dit
l'Alderman , je fuis moins fâché de ce
qui m'eft arrivé , j'ai même envie de
vuider une bouteille avec lui.

Non pas , s'il vous plaît ; je ne pourrois me voir de fang-froid à côté d'un
homme qui vous a traité auffi cruellement.

En honneur , je commence à croire
que je le méritois.

Cela peut être ; mais tout en approu-
vant fa défenfe , je ne puis m'empêcher de le haïr ; & fi vous le faites
monter , je quitterai la chambre.

Oh! puifqu'il vous déplait fi fort ...
je ....

S'il me déplait ? je le détefte ; ainfi, mon cher, fi vous voulez m'obliger, n'en parlons plus.

Je fuis brifé, dit l'Alderman, je fouffre de tous mes membres.

Eh bien ! mon ami, couchez-vous, quelques heures de repos vous feront du bien. Je refterai près de vous pendant votre fommeil.

Que vous êtes bonne ! trop bonne, ma chère Juliette !

On fit préparer une chambre, & les deux époux y entrerent en fe tenant fous le bras ; le vieux mari enchanté de fe voir careffé par une jeune femme, & la jeune femme enchantée de pouvoir trahir bientôt un vieux mari.

B v

CHAPITRE IV.

Par ma foi! je ne déplais pas à la femme de l'Alderman , se dit, notre Héros,.... la chose n'est pas étonnante , il est vieux & laid, je suis jeune & bien fait. Ses regards m'ont fait connoître son inclination , c'est à moi à la convaincre que j'en suis digne. Je n'ai nul danger à courir en liant une intrigue avec une femme de sa sorte ; ses sentimens s'accordent sans doute avec son rang; elle peut être fausse, mais non vile & méprisable..... Ainsi je n'ai rien à craindre, & tout à espérer de sa conquête..... D'ailleurs, une pareille amie peut m'être d'une grande ütilité à

Dublin, & quand cela ne seroit pas, elle est jolie, cela suffit.

En conséquence de ce raisonnement, notre Héros tâchoit d'exprimer à Mistriss d'Alton par ses regards & par son maintien tout ce qui se passoit dans son ame, & la belle Lady, qui partageoit ses desirs & ne se trompoit point à ce langage muet, y répondoit de maniere à augmenter ses espérances.

Il ne nous manque plus qu'une occasion, se disoit notre Héros qui lisoit son bonheur dans ses yeux & dans ses sourires ; il faut que je me la procure, ou que je tire parti de celles qu'elle fera naître. Il se mit donc à veiller tous les pas de sa belle, & la voyant se retirer dans une chambre avec son mari, il présuma que son dessein étoit de le laisser d'abord endormir, afin qu'il ne pût s'opposer à ses plaisirs ou les troubler. Il avoit d'autant plus lieu de le penser, qu'en montant l'escalier, Mistriss d'Alton avoit tourné plusieurs fois la tête comme pour le chercher, & avoit rougi en l'appercevant.

A peine la chambre des deux époux étoit-elle fermée, que Patrick étoit déja au haut de l'escalier, pour reconnoître la situation de la place, & avoit découvert dans un coin de la galerie un petit passage solitaire qui conduisoit à un réduit plus solitaire encore.

Voilà précisément mon affaire, dit notre Héros; si les yeux de ma belle ne sont pas des menteurs, je ne resterai pas long-tems seul ici.

En effet, il n'étoit pas resté une demi-

heure en embufcade qu'il vit Miftriff
d'Alton fortir de fa chambre regardant
à droite & à gauche de la galerie.
Comme l'obfcurité de l'endroit où il
étoit le cachoit à fa vue, il découvrit
dans tous fes mouvemens la furprife &
le chagrin où elle étoit de ne pas
l'appercevoir. Elle étoit réellement
étonnée & prête à accufer Patrick de
peu de galanterie & de difcernement,
lorfque réfléchiffant fur le caractère
d'un homme d'honneur, elle fe dit:
c'eft le foin de ma réputation, & non
défaut d'amour & d'intelligence qui
l'empêche de fe montrer;.... il ne doit
pas être bien loin..... Ce petit coin
femble être fait pour fervir de retraite
aux Amans..... Grands Dieux ! que je
hais mon mari, quand je fonge à Pa-

trick ! Ne me fuis-je donc mariée que pour facrifier mes defirs & n'avoir qu'une idée des plaifirs pour lefquels le Ciel m'a formée ? La Nature m'a-t-elle donné un cœur pour n'en pas ufer,....& des paffions pour ne pas fervir à mon bonheur !

Tout en parlant l'amour la conduifoit malgré elle vers l'endroit où étoit fon Amant. A peine y avoit-elle pofé un pied tremblant, qu'une voix partie de la cour arrêta fa marche & fit naître en elle un combat entre l'honneur & le défir; il ne fut pas long, le dernier triompha.... Elle fit un pas de plus; & fe trouva dans les bras de Patrick. Surprife & fans défenfe, toute réfiftance eût été vaine; elle prit donc le parti de fe rendre à la difcrétion du vainqueur.

CHAPITRE V.

TANDIS que nos Amans, oublians l'Univers, se livroient aux plaisirs les plus doux, leur mauvais génie cherchoit à leur nuire, & se félicitoit du malheur qui étoit prêt à fondre sur eux. Une maudite toux éveillant M. d'Alton, il tira ses rideaux, & ne voyant pas sa digne épouse, le démon de la jalousie s'empara de son cœur & y versa ses poisons les plus subtils. Il pensa à notre Héros, & son imagination lui traça fidèlement la peinture de sa disgrace.

Je suis cocu, s'écria-t-il se jettant de son lit avec précipitation. . . . . .

...Ma foi ! Monsieur, si vous voulez

que je vous le dife, je le crois comme vous, lui dit fon Cocher qui entroit dans fa chambre au moment de fon exclamation. Habillez-vous fans perdre de tems, ou les oifeaux feront dénichés.

Où font-ils, où font ils ? Un Alderman de Dublin cocu !

Allons, vîte Monfieur, ne faites point de bruit, je fais où ils font ; j'étois dans la chambre voifine ; j'ai tout entendu, venez vîte.

Que le Ciel te confonde, malheureux ; pourquoi dès le premier inftant que tu les a entendus ne leur as-tu pas dit que tu étois-là ?

Monfieur, je voulois être fûr que ce fuffent eux. D'abord ils parloient fi bas,..... puis, pendant quelques tems ils ne parloient plus du tout..... Comment pouvois-je deviner que c'étoit ma Maîtreffe? Ce n'eft qu'au bout d'un certain tems que j'ai reconnu fa voix.…. Allons, Monfieur, preffez-vous donc.

Morbleu, je veux les exterminer tous deux; donnez-moi mes piftolets, appellez mes gens. Cocu! un Alderman de Dublin cocu! Allez toujours devant, je vous fuis. Par la mort, cocu!

Le difcret Alderman cria & jura fi fort, que nos Amants eurent le tems de fe préparer contre le danger qui les menaçoit.

Sautez vîte par la fenêtre, dit Miftriff d'Alton toute effrayée à notre Héros.

Je ferai face au danger, répliqua-t-il...

Et non, ce feroit le moyen de me perdre.

Comme Patrick héfitoit, & que la

fituation de la Dame devenoit de plus en plus critique, elle jugea très-prudent de fe fauver aux dépens de fon Amant.

Au fecours, au fecours, s'écria-t-elle, où je fuis perdue..... Au fecours, au fecours, mon cher Mari, jettez la porte en dedans ; délivrez-moi de ce miférable.....

C'eft donc ainfi que vous m'aimez, Madame, dit Patrick étonné de tant d'audace ? Comment, vous me traitez de miférable, & me chargez d'un rapt !...

M. d'Alton enchanté des cris de fa femme, faifoit toute diligence pour la fecourir & s'écrioit lorfque fes gens travailloient à enfoncer la porte : elle eft innocente, ma pauvre chère femme, elle eft innocente ; écoutez comme elle crie ! La porte fut bientôt enfoncée, &

notre Héros, que l'ingratitude & la perfidie de Miſtriſſ d'Alton avoit privé de
ſa préſence d'eſprit & de ſon courage,
ſuivit l'avis qu'elle lui avoit donné &
ſauta par la fenêtre avant que perſonne
pût le ſaiſir.

Ne laiſſez pas échapper ce ſcélérat,
dit Miſtriſſ d'Alton fondant en larmes
& ſe précipitant dans les bras de ſon
Mari; oh, mon ami, vous êtes juſtement
arrivé au moment où les forces com-
mençoient à m'abandonner. Je voudrois
qu'il ſe fût rompu le col, qu'on coure
après lui; il faut qu'il ſoit puni, ce
raviſſeur..... Je n'en puis plus.....
Soutenez-moi, mon cher, mon cher
petit Mari!

Eh bien, tu vois que tu n'es qu'un ſot,
dit le crédule Alderman à ſon Cocher?

Ne prétendois-tu pas que j'étois cocu?

Moi, Monſieur, répondit le Cocher?
Je n'ai jamais prétendu pareille choſe,
vous vous trompez ; certainement, vous
vous trompez. Je vous jure n'avoir
jamais eu une opinion ſemblable de ma
Maîtreſſe , & j'affirmerois qu'elle eſt
auſſi innocente que l'enfant qui vient
de naître.

Oh, vous le pourriez en toute aſſu-
rance, Pierre, dit Miſtriſſ d'Alton.

Tu diſois cependant les avoir entendus parler bas, & puis qu'ils ne parloient
plus du tout.

Vous l'avez rêvé, Monſieur ; je ne
ſuis pas reſponſable de vos rêves.....
Je ne me rappelle pas un mot de tout
cela, & ſuis bien certain de n'avoir rien
entendu.

Il ne s'agit pas de parler, mon cher, dit Miſtriſſ d'Alton à ſon Mari en lui donnant un baiſer. Songez plutôt à me venger. Le drôle mérite pour ſon impudence qu'on le faſſe ſauter ſur la couverte. Reſſouvenez-vous des coups qu'il vous a donnés..... Il mérite la corde......Et je voudrois l'y voir attaché.

Mais par quel haſard vous êtes-vous trouvée ici, lui demanda l'Alderman ?

Je vais vous le dire, mon ami : j'étois ſortie de votre chambre pour prendre un peu l'air, & comme je me promenois dans cette galerie, le coquin eſt venu derrière moi, m'a ſaiſi d'un bras vigoureux, & prévenant mes cris en mettant ſa main ſur ma bouche, m'a entraîné, malgré moi, dans cette chambre. Le danger que je courois, me donnant un courage au-deſſus de mes forces, j'ai jetté des cris perçans, & me ſuis défendue comme un lion; j'étois preſqu'épuiſée & allois probablement ſuccomber, lorſque vous m'avez entendue & êtes venu à mon ſecours.

- Dieu ſoit béni! dit l'Alderman, je ne ſuis pas cocu.

- Parbleu, le conte eſt bien trouvé, dit le Cocher, en allant chercher ſes compagnons pour venger ſa Maîtreſſe.

Tombez ſur ce miſérable, dit l'Alderman à ſes gens; allez, je vais vous ſuivre. -

Ne l'épargnez pas, de grace, mon cher Billy, ne l'épargnez pas ce raviſſeur, je reſterai dans votre chambre.....
Dites que vous m'aimez, mon cher

Billy,.... dites-le moi donc..... Que
je l'ai échappé belle!...... Soutenez-
moi,.... je ne puis marcher.... Comme
le cœur me bat..... Mettez-y la main.....
Le drôle eſt ſi fort, ſi vigoureux!.... Et
moi ſi foible, ſi délicate!...... Perſonne
n'en a jamais uſé avec moi de cette
manière,..... il me traitoît , en vérité,
comme une ſervante de cabaret , ſans
cérémonie , ſans le moindre égard.
Vous n'avez point d'idée de ſa har-
dieſſe, de ſes propos, de ſes procé-
dés..... Ces jeunes gens , mon cher
ami, ont une façon de s'exprimer que
vous ne connoiſſez pas..... Ils n'ont
pas le moindre raffinement dans leurs
geſtes , ni dans leurs expreſſions.....
Quelle différence d'eux à un Alderman
de Dublin..... Allons , mon cher, allez

voir ce que font vos gens ,...... je vais m'affeoir ici..... Baifez-moi avant que de fortir...... Mon cher petit Billy, comme je t'aime!

La joie de l'Alderman étoit à fon comble ; ma poule, mon bijou étoient les feuls mots qu'il pût proférer pour répondre à fes careffes.

Monfieur, Monfieur, nous le tenons, s'écrièrent alors plufieurs voix.

Ah! voici vos gens qui vous appellent, dit Miftriff d'Alton à fon Mari ; le drôle eft pris ; ne l'épargnez pas ; de grace, mon cher ami, ne l'épargnez pas.

CHAPITRE

CHAPITRE VI.

NOTRE Héros s'étoit jetté par la fenêtre avec tant de précipitation, que n'ayant pas eu le tems d'examiner ce qu'il y avoit au-deſſous, il étoit tombé dans une mare, dont il ſortoit à peine, qu'il fut ſaiſi par quatre à cinq Gaillards vigoureux qui l'entraînèrent dans la cour de l'Hôtellerie. L'Alderman parut alors ſur la galerie où, ayant d'un ton magiſtral établi les charges que ſa femme portoit contre le coupable, il le condamna à ſauter ſur la couverte, en expiation de ſon offenſe.

Miſtriſſ d'Alton avoit entr'ouvert la porte pour examiner la contenance de

II. *Partie.*   C

notre Héros, & entendre ce qu'il allé-
gueroit pour sa défense : il étoit furieux ;
mais ne pouvant faire usage de ses
forces, il se voyoit en butte aux insultes
& aux railleries de ses bourreaux qui
s'arrangeoient pour exécuter la sentence
prononcée. L'Hôtellerie étoit remplie
de gens qui, attirés par la nouveauté du
spectacle, étoient venus de tous les côtés
du Village pour prendre part au diver-
tissement qui se préparoit. On apporta
une couverte, on y mit le pauvre Patrick,
& on le lança en l'air au milieu des huées
& des applaudissemens d'une foule de
spectateurs insensibles.

C'est un meurtre de le faire souffrir
ainsi, puisqu'il est innocent, se dit Mistriss d'Alton, mais il mérite ce châtiment pour l'indiscrétion qu'il a eu de ne

pas exécuter fur le champ mes volontés.... D'ailleurs, il ne me fiéroit pas d'intercéder en fa faveur, & il convient qu'il foit puni pour que je ne fois pas fufpectée. L'imprudent qui cueille une rofe fans précaution doit-il fe plaindre fi les épines le bleffe? Quelque tourment qu'éprouve Patrick, il doit l'endurer patiemment, & méprifer un mal qu'il ne peut éviter. Pauvre Ohara, mon beau garçon, quelle trifte figure vous faites? J'ai peine à m'empêcher d'en rire, oh! comme il me maudit à préfent dans le fond de fon cœur!

L'Alderman fe tenoit les côtés de rire, & appelloit de tems en tems fa chafte moitié, pour l'engager à venir prendre fa part du plaifir qu'il éprouvoit; mais Miftriff d'Alton qui avoit

réfolu de faire fa paix avec Patrick,
ne voulut pas ajouter l'infulte à l'ou-
trage, elle garda l'incognito, fe cachant
derrière le dos volumineux de fon mari
dont elle feignoit de partager la joie.

Les Exécuteurs étoient déja fatigués
de leur miffion, lorfque Miftriff d'Alton
eut l'humanité de prier tout bas fon mari
de pardonner à Patrick & de le faire
mettre en liberté; en conféquence, fon
pardon fût hautement proclamé fur la
galerie, & chaque fpeftateur fortit très-
fatisfait, faluant & remerciant le digne
Alderman de la récréation qu'il leur
avoit procuré, & riant au nez de Patrick
à mefure qu'ils paffoient devant lui.

Notre Héros confus, fouffrant de tous
fes membres, mais fier dans fa difgrace,
& lançant fur fon juge des regards pleins

de colère & de vengeance, s'avança
d'un pas ferme vers l'escalier qui conduisoit à la galerie. Son air ne présageant
rien de bon pour l'Alderman, il prit le
parti de s'enfoncer dans sa chambre &
d'en barricader la porte avec les chaises,
les tables & tout ce qu'il crut capable
de le garantir contre les attaques d'un
pareil ennemi.

Patrick, méprisant la poursuite d'un
adversaire qui fuyoit lâchement devant
lui, monta au temple fatal où il avoit
été tour à tour le sacrificateur & la
victime, & s'étant étendu sur l'autel qui
avoit reçu son encens, il y maudit mille
fois la divinité qu'il y avoit adorée.

Devois-je m'attendre à courir quelques dangers en adressant mes hommages
à Mistriss d'Alton ? Avec quelle bassesse,

cette femme méprifable m'a trahi !...
tandis qu'elle pouvoit fe tirer d'affaire
fans m'expofer, elle a préféré de me
facrifier à fa réputation & de prouver
fon innocence à mes dépens ! Elle m'a
puni pour n'avoir pas à fon premier
ordre fauté par la fenêtre ; qui diable n'y
auroit pas regardé à deux fois ? N'eft-ce
donc rien qu'un pareil faut ? S'il étoit
fi facile, que ne le faifoit-elle ? Comment,
parce que j'héfite un inftant, elle me
livre à toute la rage d'un époux offenfé,
qui avec un peu de patience auroit été
appaifé d'un mot, fans qu'il en fût arrivé
rien de fâcheux pour elle ni pour moi !
Pefte foit de mon étourderie ! J'avois
juré de ne jamais fecourir de femmes
dans la détreffe ; pourquoi donc ai-je
reçu celle-ci dans mes bras lorfqu'elle a

gliffé en defcendant de voiture? L'e-
xemple de Sophie & de Cordélie auroit
bien dû me corriger de cette folie; mais
non, je lui obéis dès qu'elle me commande. J'ai eu le nez caffé, perdu ma
bourfe, me fuis prefque noyé, & ai été
berné d'une maniere cruelle, le tout
pour rendre fervice aux Belles! Encore
fi j'avois fouffert tout cela pour des
femmes dignes de mon eftime, j'aurois
du moins quelque confolation; mais
point du tout: j'ai comme un infenfé été
la dupe de leurs hypocrifies & de la bonne
opinion que j'avois d'elles. Ce fexe eft-il
donc incapable de fentimens généreux?
L'honneur ou l'amour ne peuvent - ils
s'oppofer avec fuccès dans leur cœur aux
efforts de la malice & de la fauffeté!
Même dans mes bras Miftriff d'Alton

C iv

méditoit ma perte ; c'eſt elle qui a pro-
noncé ma ſentence , & qui l'a vu peut-
être exécuter. Une femme qui paroiſſoit
auſſi tendre , peut-elle être auſſi inhu-
maine ! Quelle néceſſité y avoit-il de
me charger comme elle l'a fait pour ſe
juſtifier ? Elle n'avoit qu'à patienter un
inſtant ; je deſcendois avec précaution
& ſans bruit par la fenêtre ; elle tiroit
doucement ſes verroux , & paroiſſant
avec l'air calme & ſerain de l'innocence,
(qu'elle auroit pris facilement) elle
diſſipoit tous les ſoupçons de ſon mari.
J'admire ſon audace & ſa perfidie! Hélas,
à quoi m'ont ſervi les bons avis de M.
Burton ? Non , je ne mérite pas qu'on
me plaigne ; oh ! Henriette, Henriette,
la connoiſſance que je fais des femmes
ne m'encourage pas à t'aimer.

Après ce foliloque , notre Héros
pouffa un profond foupir, & fut affez
heureux pour enfevelir fes douleurs &
fes peines dans les bras du fommeil.

CHAPITRE VII.

Lorsque l'Alderman fut remis de
ses frayeurs, & certain de sa sûreté, il
se mit à réfléchir de sang-froid sur son
aventure, & à se rappeller chaque syl-
lable de ce que lui avoit dit son cocher.
Sa rétractation, après avoir affirmé le
crime de sa maîtresse, lui parut une con-
firmation de sa disgrace ; il avoit entendu parler des différens tours jouées par
de jeunes femmes à leurs vieux maris,
& sa jalousie lui persuada que la sienne
avoit assez d'esprit & de finesse pour le
tromper. Il se ressouvint de ne l'avoir
entendu crier qu'après lui avoir donné
l'allarme, & jugeant par-là que sa colere

contre Patrick n'étoit qu'une ruſe pour ſe tirer d'affaire, il porta machinalement ſa main à ſon front, & s'écria : je ſuis cocu !

Miſtriſſ d'Alton, qui avoit été éga-lement abſorbée dans ſes réflexions, ſortit de ſa rêverie à cette exclamation inſultante, & lui en demanda la raiſon.

Combien de tems, Madame, avez-vous été dans la chambre de ce jeune homme?

Mais . . . . à peu près cinq minutes, autant que je puis m'en ſouvenir, Mon-ſieur, répondit-elle, paroiſſant fort étonnée de l'impertinence de la queſtion.

Cinq minutes, reprit le bon-homme en ſecouant la tête d'un air qui ſigni-fioit, *je n'en crois rien.*

Miſtriſſ d'Alton ſe contenta pour

toute réponſe de lever les épaules, de ſe mettre à la fenêtre, & de fredonner une ariette.

Il faut qu'elle ſoit innocente, puiſ-qu'elle eſt ſi calme, ſe dit le judicieux Alderman de Dublin, en s'approchant d'elle.

Je ſuis fâché, réellement, que vous ſoyez ſi belle ?

Et moi, que vous ſoyez auſſi injuſte & auſſi capricieux. Qui me condamne-roit de juſtifier votre jalouſie & de mériter vos ſoupçons? Perſonne, j'en ſuis ſûre : ſi je n'étois vertueuſe par principe & par tempérament, vous me forceriez à réaliſer vos craintes. Ne me pouſſez pas à une infidélité dont la ſeule penſée fait frémir ma vertu. Etre ſoup-çonné à tort, donne ſouvent l'envie de

l'être avec raifon. Par pitié pour moi-
même, mon cher ami, ne me portez
pas à la vengeance. Rendez-moi toute la
juftice que je mérite, & nous ferons
heureux. Mettez-vous bien dans la tête
que je ne veux ni ne puis vous faire la
moindre infidélité. L'amour de mon devoir, & fur-tout mon inclination pour
vous, doivent vous affurer de ma conduite : gardez-vous de la foupçonner ;
car le mépris d'un mari, porte un coup
mortel à la vertu de fa femme. Me
croirez-vous donc toujours fauffe, ajou-
ta-t-elle en paffant amoureufement fon
bras autour de fon col.

Non, jamais, ma petite poule, mon
bijou, répondit l'Alderman ; vous êtes
la vertu même, je ne mérite pas une
femme auffi fage ; baifez-moi, ma chere,

baiſez-moi. Ah, que je voudrois être jeune !

Ne formez pas un pareil ſouhait, car je vous aimerois moins. Les jeunes gens ſont ſi étourdis, ſi impertinents, ſi ennuyeux, ſi infatués d'eux-mêmes, que je ne conçois pas comment une femme délicate peut s'en accommoder. Leur converſation m'a toujours déplu ; la vôtre, au contraire, me charme ſans ceſſe, & me fait bénir mon étoile de m'avoir donné pour époux un homme de votre bon ſens & de votre mérite. Embraſſez-moi, mon cher ami.

L'Alderman enchanté auroit fort deſiré pouvoir la remercier d'une façon digne d'elle, mais ne trouvant pas d'expreſſion ſuffiſante pour bien lui témoigner ſa reconnoiſſance, il feignit un mal de tête, & débarricadant fa porte, il defcendit dans la cour.

Quelle différence de ce vieux radoteur à l'aimable Ohara, fe dit Miftriff d'Alton! Le pauvre jeune homme va me détefter, cela ne feroit pas mon compte; mais comment me juftifier auprès de lui? par un billet, ... allons, écrivons-lui.

Et prenant une plume, elle lui adreffa l'épitre fuivante.

AU CHARMANT OHARA.

« Si vous êtes vraiment galant, vous » excuferez ma cohduite, quelques dé- » fagréables que les fuites en aient été » pour vous. La néceffité m'a forcé à » agir d'une façon tout-à-fait contraire » à mes fentimens; vous méritez bien » qu'une femme vous facrifie fa répu-

» tation , mais je doute que son amour-
» propre y consente; quelque raisonnable
» que soit une foiblesse, on ne la pardonne
» pas plus à notre sexe , que le manque
» de courage au vôtre. Que cette décla-
» ration sincère me serve d'apologie
» auprès de vous , mon cher Patrick ;
» croyez que je vous aime toujours de
» toute mon ame , que mon cœur
» a saigné à la vue du châtiment que je
» vous ai attiré, & que mon unique étude
» désormais sera d'employer tous mes
» soins à vous faire oublier mes torts. »

J'écris comme une imbécille , dit
Mistriss d'Alton ; il n'y a ni esprit, ni
tendresse dans ce billet.... que va-t-il
penser de ma sincérité?

Sa Femme de chambre qui entra alors
arrêta ses réflexions. Depuis longtems

dans la confidence de sa maîtresse ,
Fanni étoit au fait de la nature de sa
liaison avec Patrick.

En vérité , Madame , lui dit-elle ,
n'avez-vous pas de conscience ? . . . Bon
Dieu , si vous traitez ainsi vos amans ,
vous ne les garderez pas longtems. Faire
sauter sur la couverture un jeune homme
aussi aimable !

Ce qui est fait est fait , répliqua sa
maîtresse, que veux-tu? Je courrois risque
de perdre par un divorce mon état , ma
fortune & ma réputation : je ne ferai
jamais de pareils sacrifices pour quelqu'homme que ce soit. Mon mari est
vieux , & attaqué d'une complication de
maux qui l'emporteront bientôt ; puisqu'il a la fureur de vouloir qu'on lui soit
fidelle , il faut bien que je me prête à sa

fantaifie. Pourvû qu'il me croye telle, il importe fort peu comment je me conduife. C'eft à mes Amâns à prendre leur chance ; à en jouir fi elle leur eft favorable, & à la fupporter patiemment , fi elle n'eft pas heureufe ; fuffent-ils affez ridicules pour s'en plaindre , ou affez fats pour s'en vanter , je dois toujours être en mefure pour les démentir. Tant que mon mari me croira vertueufe , je la paroîtrai aux yeux de tout le monde... Tiens, prends cette lettre , copies-la , & ufe de toute ton adreffe pour la faire parvenir à Patrick. Va vîte , car j'entends mon vieux radoteur.

CHAPITRE VIII.

JE ſerois d'avis, dit l'Alderman en rentrant, de faire mettre nos chevaux, & d'aller coucher ce ſoir chez le Lord Craddocks. Etes-vous de ce ſentiment, ma chère ?

Vous ſcavez, mon ami, que je n'ai d'autres volontés que les vôtres ; nous partirons quand il vous plaira.

Tandis qu'on préparoit la voiture, Fanny tranſcrivit la lettre de ſa maîtreſſe, monta ſans être apperçue dans la chambre de Patrick, & le trouvant endormi, lui gliſſa le billet dans ſon ſein.

Notre Héros ſe réveilla, parfaitement remis des fatigues du jour. De triſtes

réflexions fur le paffé , dit-il en fautant
en bas de fon lit , ne ferviroient de rien.
Il faut prendre le tems comme il vient.
Si toutes les femmes font traîtreffes, du
diable fi ce fera moi qui Ies corrigerai ;
peut-être , au refte , ne font-elles pas
toutes femblables à Miftriff d'Alton, &
je ferai probablement plus heureux une
autre fois. Mais quel eft ce papier que je
fens fur mon fein ? qui peut l'avoir mis
là ?... Oh, oh , c'eft une écriture de
femme.... Elle m'aime !... oui, pour
elle-même , fans doute ! pefte foit de
fon apologie. C'eft pour fauver fa réputation qu'elle m'a fait fauter fur la
couverte ; voilà , certainement , un
amour bien défintéreffé : & il mit la
lettre en pièces.

Quelle affurance ont les femmes !

celle-ci ne pouvoit fçavoir fi j'étois endormi, & elle a l'audace de venir dans
ma chambre !... & elle parle de fa réputation! elle ne mérite pas que j'y penfe
une minute, oublions-la.

Notre Héros fe remit en route le lendemain matin avec un mépris décidé
pour les femmes, & arriva à Dublin réfolu à ne courtifer que la fortune; & à
ne mériter d'autre faveur que les fiennes.
M. Felton le reçut comme un favori de
Sir James Walter, & prit foin de l'é-
quiper en conféquence.

Quand la vanité de Patrick lui eut dit
qu'il pouvoit fe préfenter décemment,
il fe rendit chez la Comteffe de Dempfter.
Sa figure & le nom de Lady Walter le
firent admettre fans difficulté auprès de
cette Dame, qu'il trouva entourée d'une

foule de gens de tout rang qui briguoient
fa faveur. Ses regards étoient obligeans
ou dédaigneux en proportion de l'art
qu'ils mettoient à lui plaire, en fe ren-
dant plus ou moins méprifables. Parloit-
elle ? chacun gardoit le filence, prêt à
faire éclater fon admiration au moindre
mot qu'elle prononçoit, quelque dé-
pourvu qu'il fût d'efprit ou de jugement.
Sourioit-elle ? tout le monde prenoit un
air gai & content. Paroiffoit-elle trifte,
ennuyée ? une crainte religieufe fe
peignoit fur tous les vifages. Diftinguoit-
elle quelqu'un parmi la foule ? l'envie
s'emparoit de tous les cœurs. Jamais
Divinité ne reçut en apparence des vœux
plus humbles & plus foumis. A fa vo-
lonté, la folie prenoit le nom de raifon,
& la raifon celui de folie. Un Épagneul

étoit fur fes genoux : un noble Lord
brigua & obtint la faveur de le baifer,
& cupidon paffa de main en main, fut
loué, baifé, & prefque étouffé de careffes. Elle demanda fi quelqu'un fçavoit
la Chanfon nouvelle qu'elle avoit entendue la veille chez Lady Mann, &
dans l'inftant vingt perfonnes témoi-
gnerent l'impatience qu'elles avoient de
lui plaire en la chantant. C'eft au milieu
de cet affaut de mélodie, que notre
Héros parut à la porte de l'appartement.
Sa bonne mine attirant l'attention de
la divinité du lieu, elle ordonna le filence
& s'avança vers lui. Cette attention peu
ordinaire en elle, fixa tous les regards
fur Patrick, & chacun fe demandoit à
l'oreille, quel eft-il ? quel eft-il ? Notre
Héros fentant que de ce moment dé-

pendoit l'eſtime ou l'indifférence de Lady
Dempſter, ſe préſenta à cette Dame
d'une maniere ſi noble & ſi modeſte,
qu'il lui inſpira un tendre intérêt, &
s'attira le reſpect des ſpectateurs. Il avoit
tant de graces dans le maintien, une dignité ſi peu affectée, un tel air de
douceur & d'ingénuité, que Lady
Dempſter quitta le rôle de grandeur
qu'elle jouoit pour prendre celui d'une
femme aimable qui cherche à plaire.
Elle reçut en ſouriant la lettre qu'il
lui préſenta, la lut & le tirant à l'é-
cart, lui dit : Je remercie Lady Walter de l'occaſion qu'elle me procure de
vous obliger.

Je ferai tous mes efforts, Milady,
pour mériter vos bontés, répondit
Patrick en s'inclinant avec reſpect.

Lady

Lady Walter vous recommande vivement. . . . . . . C'eſt une fort jolie femme.

Au ton dont la Dame prononça ces derniers mots, Patrick devina ſa penſée.

Pour la trouver auſſi jolie que vous le dites, Milady, il faudroit ne pas vous voir.

Oh, je ne veux pas qu'on me flatte.... Ce n'eſt pas le moyen de m'intéreſſer pour vous.

Cependant un tendre regard qu'elle lui lança, lui fit connoître combien elle étoit ſenſible à ce compliment.

On peut flatter d'autres femmes, mais quelque éloge qu'on faſſe de vous, Milady, il ſera toujours conforme à la vérité C'eſt un hommage que vous avez droit

II. Partie.   D

d'attendre de tout homme un peu délicat.

N'intéreffez pas ma vanité , vous
n'avez pas befoin de cette reffource
pour gagner mon eftime.

· Quoique Lady Dempfter méprifât
dans le fond de l'ame les courtifans qui
l'entouroient, elle craignoit leur cen-
fure. Jamais femme n'eût plus d'égards
aux loix du *decorum*. Le libertinage de
fon cœur paroiffoit rarement dans fon
maintien ; c'étoit un tribut que fa raifon
payoit en public à la décence ; mais
elle ne fe faifoit pas un fcrupule de
s'en écarter en particulier, quand l'a-
mour & l'occafion fe réuniffoient pour
la rendre heureufe.

Je donne quelques inftans comme
celui-ci, M. Ohara, aux oififs & aux

ambitieux ; je garde le refte du jour pour les perfonnes que je confidère réellement.

Et fans attendre fa réponfe ; elle rentra dans le cercle.

CHAPITRE IX.

Qu'on eſt heureux, dit Patrick, d'être jeune & bien fait ! Si Lady Dempſter n'eût trouvé en moi que de l'eſprit, des talens & du mérite, je doute fort qu'elle eût ſçu grand gré à ſon amie de lui avoir procuré l'occaſion de m'être utile. C'eſt une étrange choſe que le monde !

Et il ſe mêla parmi les Courtiſans. L'indifférence offenſante avec laquelle la Comteſſe ſembloit recevoir leur hommage ſervile, flattoit l'orgueil de notre Héros, qui conclut de leur conduite réciproque, que ſon cœur étoit une conquête digne de lui, & qu'il étoit le ſeul agréable à ſes yeux.

N'y auroit-il pas d'indiscrétion, Monsieur, lui dit un des Courtisans qui se trouvoit près de lui, à vous demander ce que vous pensez des différens personnages que vous voyez. Vous ne me paroissez pas très-au fait de leurs caractères.

Vous me feriez grand plaisir, Monsieur, de m'en donner la clef. Je l'avoue, je ne connois personne ici, & je ne sais trop comment concilier la conduite de ces Messieurs avec leurs rangs, ou du moins avec celui qu'ils paroissent avoir.

La chose est cependant toute simple, répondit le Courtisan souriant de l'ingénuité de notre Héros. Nous avons tous besoin de la Comtesse, & elle n'a aucun besoin de nous. Le Lord Carthagan que vous voyez si empressé auprès d'elle,

D iij

attend de fon crédit une penfion de deux mille livres.

J'ai entendu parler de ce Seigneur, dit Patrick ; on le prétend fort riche.

Il l'eft en effet, reprit le Courtifan ; mais il aime mieux l'argent que fon honneur.

Il fait fans doute un excellent ufage de fes richeffes ?

Oh ! excellent en vérité ! il les dépenfe en filles, en chevaux, & en vin. ·

L'homme que vous voyez près de lui eft un Monfieur Machan, qui fe démit dernièrement d'une place très-lucrative parce que le Viceroi avoit refufé d'avancer un de fes amis qui le méritoit ; il voudroit à préfent rentrer dans cette place & menace en cas de refus de fe tourner du côté de l'Oppofition ; mais

comme il a trop peu de talens pour y
jouer un rôle , toutes ses espérances
sont concentrées dans la faveur de Lady
Dempster. Cet Agréable que vous voyez
se regarder avec tant de complaisance
dans cette glace , vient de perdre pres-
que toute sa fortune , & pour la réparer
il offre de vendre sa voix dans le pro-
chain Parlement. Quoiqu'on ne prévoie
pas qu'elle puisse y être d'un grand
poids , on l'achetera fort cher par la
médiation de la Comtesse. Vous voyez
à côté de lui un fils de la fortune qui,
ayant abusé d'un contrat fait avec le
Gouvernement , est menacé d'en être
vivement poursuivi , ce qu'il évitera
par la même protection. Regardez cet
Officier qui est à votre gauche ; il s'est
trouvé à toutes les batailles qui se sont

D iv

données depuis vingt ans & s'y est toujours très-distingué : aucun homme dans l'armée n'y est plus estimé, tant par son courage, que par ses connoissances militaires ; cependant tout son mérite ne lui auroit servi de rien, sans l'adresse qu'il a eu de faire intercéder pour lui une paire de boucles d'oreilles de diamans. Cette générosité lui a procuré un Régiment, & il est venu pour en remercier la Dame du logis. Ce jeune Ecclésiastique si leste que vous voyez portant la tête haute, & parlant avec tant d'assurance, est un favori de notre Comtesse. Un Doyenné est vacant, & quoiqu'il ait été promis à un vieillard vénérable, connu par la pureté de ses mœurs & par l'étendue de ses connoissances, il y a à parier dix contre un que ce faquin, dont la conduite scandalise tous les honnêtes gens, lui sera préféré.

Permettez-moi de vous demander ce que vous entendez par un favori?

Mais,... ce mot appliqué à une jolie femme, n'a pas de double entente ; il signifie clairement qu'elle le rend heureux.

On ne croiroit pas que Lady Dempster fût capable d'un pareil choix ; elle paroît si décente, si réservée.

Son air est tout différent de son caractère, il y a deux ames dans cette belle Dame. Vous voyez ici la femme de l'art ; dans son boudoir, vous verriez la femme de la Nature.

Et probablement, vous avez été reçu dans ce boudoir, dit Patrick?

D v

Jamais homme qui a paſſé vingt-cinq ans, je crois, n'y a été admis. La Comteſſe n'eſt pas curieuſe de converſations ſentimentales, elle les compare à ces friandiſes qui excitent l'appétit ſans le ſatisfaire.

Mais comment pouvez-vous ſi bien connoître ſes goûts.

Par l'indiſcrétion de ſes adorateurs: l'honneur n'eſt pas toujours en garde contre le dépit; & l'homme reſſent, quelquefois les injures faites à l'Amant. Son injuſtice & ſa tyrannie ſont inſupportables. Peu d'hommes ſont doués d'un caractère aſſez ſouple pour ſe plier à toutes ſes fantaiſies. Elle a d'ailleurs dans ſes attachemens, tous les caprices & toute la légèreté d'un enfant. L'objet de ſon amour aujourd'hui, deviendra demain celui de ſa haine.

Cette légèreté, dit Patrick, est d'autant plus extraordinaire, qu'elle paroît très-curieuse de sa réputation. Ne pourroit-elle pas s'assurer de la discrétion de ses Amans par sa générosité?

L'avancement n'est pas toujours une compensation des mauvais traitemens.

En ce moment l'éventail de Lady Dempster venant à tomber, le Courtisan qui causoit avec Patrick se précipita pour le ramasser, & fut assez heureux pour y réussir, malgré le grand nombre de ses concurrens.

Quelle inconséquence dans cet homme, dit Patrick à lui-même? C'est une étrange chose que le monde!

Le tumulte qu'avoit excité la chûte de l'éventail de la Comtesse étant appaisé, notre Héros qui désiroit connoître l'homme avec qui il venoit de parler, s'adreſſa au jeune Eccléſiaſtique.

.. Voudriez-vous me faire le plaiſir, Monſieur, de ſatisfaire uhe innocente curioſité? Je déſirerois ſavoir ce que vous penſez de ce Gentilhomme qui eſt derrière le fauteuil de Lady Dempſter?

. C'eſt un fou, un fou véritable, répondit le jeune homme. Il a véritablement rendu des ſervices eſſentiels au Gouvernement dont il auroit été depuis longtems largement récompenſé, s'il eût voulu faire le ſacrifice de ſon bon ſens à la ſtupidité de ſes protecteurs; mais loin de mettre leurs ſottiſes à contribution, il s'aviſe de cenſurer leur conduite, & de leur parler d'honneur, de vertu & d'autres miſères ſemblables, ce qui , je crois , lui a fermé pour toujours la porte de l'avancement. La feule chofe raifonnable que je lui ai vu faire en fa vie , eft de s'être empreffé à ramaffer l'éventail de la Comteffe; cette atten- tion fera probablement plus pour lui , que le mérite réel qu'il poffède.

C'eft donc-là le favori de Lady Dempf- ter, dit Patrick ! Ce fat, qui eft la honte de fon état , obtient par fon crédit un bénéfice confidérable , & pour prix de fes bontés, il en dit tout le mal poffible ! Je le répète, c'eft une étrange chofe que le monde !

CHAPITRE X.

JE fuis étonné, dit notre Héros, en retournant chez M. Felton, de l'extrême facilité avec laquelle certaines gens changent la vertu pour le vice, l'honneur pour l'infamie, & la vérité pour le menfonge ? Quelle ingratitude, & quelle légèreté dans ce jeune étourdi? Il doit tout à Lady Dempfter, & cependant il la diffame pour montrer qu'il a de l'efprit & de la connoiffance du monde ! Son crime eft odieux, & mériteroit une punition févère. Quelqu'injufte, quelque capricieufe, quelque coupable que foit Lady Dempfter, elle l'eft bien moins que ces êtres vils qui

font à ſes pieds le ſacrifice volontaire
de leur honneur, & de leur probité.
Ses foibleſſes viennent de la Nature ;
leurs vices, de la réflexion. Si ſon favori
avoit eu comme moi le nez caſſé, s'il
eût perdu ſa bourſe, & ſauté ſur la couverte, je lui pardonnerois ſa mauvaiſe
humeur ; mais le faquin n'a d'autre exiſ-
tance que celle que lui procurent les
bontés de la Comteſſe, & il déchire la
main qui nourrit ſa vanité, & favoriſe
ſes paſſions ! Si jamais il eſt en mon pouvoir de le replonger dans le néant dont
elle l'a tiré, je veux être déshonoré, ſi
j'en perds l'occaſion. Par ce que je viens
de voir chez ma nouvelle protectrice,
je ſens que ce n'eſt ni la vertu ni le
mérite qui font réuſſir dans le monde.....
J'en ſuis fâché. Mais qu'y faire ? Je n'ai

d'autre parti à prendre que celui d'imi-
ter les vils perſonnages que je viens de
quitter, ou de vivre des charités de
Sir James Walter..... Je trouve quelque choſe de bien choquant dans ce
mot, charité, le ſon ſeul m'en fait
frémir..... Sir James ne me riroit-il
pas au nez; que dis-je, ne me mépriſe-
roit-il pas? ſi j'allois lui dire quelque
jour : « Monſieur, je reviens chez vous
» auſſi pauvre que j'en ſuis parti; j'au-
» rois pu me faire une fortune brillante,
» mais j'ai cru ne devoir pas l'obtenir
» aux dépens de mes mœurs & de ma
» franchiſe ».

Le ridicule d'un pareil diſcours eſt
trop évident pour que je ne cherche
pas à m'en affranchir, & puiſque Lady
Dempſter tient dans ſa main la coupe

des plaifirs & la clef des richeffes, c'eft
la Divinité que je dois adorer & fervir.

Après fon dîné, notre Héros donna
une heure au fouvenir d'Henriette, que
fon imagination lui offrit orné de tous
les charmes & de toutes les vertus capables de fixer un cœur comme le fien, &
il fe rendit au fpectacle, où il étoit à
peine placé, que Miftriff d'Alton & deux
autres Dames parurent dans la loge
attenante à la fienne : fa parure étoit fi
riche, fi élégante, fi recherchée, que
Patrick ne reconnut pas d'abord la vertueufe époufe du digne Alderman de
Dublin ; mais au falut de protection
qu'elle lui fit en fouriant, il fe dit : ah !
ah ! voilà l'honnête juge, qui, pour pal-
lier fa faute, m'a condamné à fauter
fur la couverte. Miftriff d'Alton devina

la penfée, par la froideur avec laquelle
il lui rendit fon falut ; & pour l'empêcher de s'y livrer, elle fe plaça du côté
où il étoit, & jouant de l'éventail elle
lui dit à l'oreille :

Fi ! que cela eft vilain de bouder de la
forte pour une bagatelle ; regardez, ne
fuis-je pas affez jolie pour vous faire
oublier mes torts ?.... Voulez-vous bien
quitter cet air fâché, Monfieur le bou-
deur..... Je vous l'ordonne, & fuis faite
je crois pour qu'on m'obéiffe.

Les mufcles refrognés de notre Héros,
ne purent tenir contre cette attaque
enchantereffe ; il fourit & un tendre
foupir de la part de la Belle ajouta au
plaifir qu'il trouvoit à contempler tous
fes charmes. La colère ne refifte guères,
à l'âge de notre Héros, aux agaceries

d'une jolie femme qui demande grace.
Ils parlèrent d'amour, en reparlèrent
encore, & se firent des sermens mutuels
de fidélité qu'il n'étoit pas trop en leur
pouvoir de garder.

Un mouvement général & soudain
de toutes les femmes qui portoient leurs
mouchoirs à leurs yeux, rendit pour un
instant Mistriss d'Alton attentive à la
scène, & songeant qu'il étoit décent
qu'une femme sensible versât quelques
larmes aux endroits touchans d'une
Tragédie, elle s'appuya sur le bras, &
paya le tribut d'un chagrin affecté, aux
infortunes de l'héroïne de la Pièce : mais
reprenant bientôt sa gaieté, elle renoua
avec notre Héros une conversation plus
conforme aux sentimens qui l'agitoient.

Demain, lui dit-elle, vous viendrez me

faire part des motifs de votre voyage à
Dublin. Si c'eſt le plaiſir qui vous y
attire, j'entends que vous n'en goûtiez
qu'avec moi ; ſi c'eſt l'ambition, j'em-
ployerai pour vous mes amis, mon crédit
& ma bourſe. L'amour & l'amitié s'uniront en moi pour vous rendre heureux.
Ayez autant de ſoin de ma réputation que
j'en aurai de vous plaire ; je n'exige
pas d'autre reconnoiſſance de la part
d'un homme dont je connois déja toute
la ſenſibilité. Ne me ſuivez pas, mes
gens ſont à la porte ; il ne faut pas
qu'il vous voyent.

CHAPITRE XI.

» L'AMOUR & l'amitié s'uniront en » moi pour vous rendre heureux »! Avec quelle rapidité un joli garçon inspire un tendre intérêt à une femme de cet âge! Je ne dois certainement celui que Miftriff d'Alton me témoigne, qu'à ma figure, car je ne doute nullement qu'avec un femblable extérieur, le plus grand imbécille n'eût les mêmes droits que moi à fon amour & à fon amitié. La feule qualité dont je ne tire pas vanité, puifqu'elle eft indépendante de moi, eft, à ce que je vois, la plus propre à me conduire au temple de la fortune. Si toutes les femmes ont auffi peu de

délicateſſe & de reſpeᴄt pour elles-mêmes
que celles que j'ai vues juſqu'ici, qu'il
eſt difficile aux gens qui n'ont que des
vertus & du mérite, de réuſſir auprès
d'elles; je ſuis preſque honteux de mes
ſuccès; il faut cependant que j'en pro-
fite, ou que je me réſigne à retourner
ſans pain chez Sir James Walter.

En conſéquence de ce raiſonnement,
notre Héros ſe préſenta le lendemain
matin chez Lady Dempſter, & fut intro-
duit à ſa toilette.

Lady Walter m'a donné une ſi
bonne opinion de vous, Monſieur, que
je ne crois pas commettre une imprudence en vous recevant à ma toilette.

Cette Dame, Milady, m'a fait plus
d'honneur que je ne mérite, ſur-tout
lorſque je ſuis auprès d'une perſonne

auſſi parfaite que vous. Peut-on voir tant de charmes, & être ſûr de maîtriſer ſes deſirs ?

Pouvez-vous vanter mes charmes, faite comme je ſuis? Ce négligé me rend affreuſe,..... je ſuis tentée de prendre vos éloges pour un perſifflage. Vous avez dit, je parie, les mêmes choſes à Lady Walter? N'eſt-il pas vrai? Vous pouvez me l'avouer, je ne vous trahirai pas.

Permettez-moi, Milady, de ne vous parler que de vous.....

Comment donc, jeune & diſcret! C'eſt, en honneur, une vertu bien rare dans ce ſiècle ; peu d'hommes voudroient faire le ſacrifice de leur vanité à la réputation de Lady Walter. Mais vous me craignez peut-être; ah, oui, c'eſt cela.

Je crains plus vos charmes que votre indiscrétion.

Voulez-vous bien vous taire avec vos douceurs, je ne veux pas en entendre.

Et elle mit sa jolie main sur la bouche de notre Héros.

Il ne faut donc pas les inspirer.

Et il hazarda un baiser sur son col d'ivoire.

A merveille, Monsieur, à merveille; j'écrirai à Lady Walter comment son jeune homme dont elle me vante les mœurs, se conduit avec moi.

Vous êtes la première femme que j'ai vu aussi tentante en négligé : je ne vous trouvois pas hier moitié aussi belle que je vous trouve à présent. L'art nuit à la beauté, il lui enlève ce charme

enchanteur

enchanteur qu'elle tient de la Nature.
En ce moment vous êtes vous-même,
& plus digne que jamais de l'hommage d'un homme délicat.

Courage, M. Ohara, courage ; Lady
Walter faura tout cela, je vous le pro-
tefte ; c'eft bien le plus mauvais Peintre
que je connoiffe ; vous êtes exactement
tout le contraire du portrait qu'elle m'a
fait de vous.

Allons, continuez, dites-moi donc
encore de ces jolies chofes que vous
débitez fi facilement !

Patrick animé par le ton dont elle
prononça ces derniers mots, & par le
défordre voluptueux de fon ajuftement,
auroit répété fes baifers fur le jolie cou
qu'il avoit déja careffé, fi l'on ne s'y
étoit oppofé.

II. Partie.   E

Trève de caresses, M. Ohara ; vous
ne vous attendez pas, sans doute, que
je m'y prête ? Je ne le puis, ni ne le
dois..... Eh bien, vous vous taisez ?
Et vous prétendez que je mérite l'hommage d'un homme délicat ! N'êtes-vous
pas de ce genre, M. Ohara ? Où ai-je
perdu tout d'un coup à vos yeux *les
charmes que je tiens de la Nature ?*

Des paroles, Milady, exprimeroient
mal les sentimens vifs que vous inspi-
rez ; c'est de l'amour que vous devez
attendre de moi, & non.....

Je vois qu'il est tems d'appeller mes
femmes.... Un jeune homme qui a
des mœurs est plus dangereux que je
n'aurois cru.

Et elle se leva pour sonner ; mais
s'embarrassant malheureusement dans

sa robe , elle tomba dans les bras de notre Héros. Il n'étoit pas philosophe, aussi sans perdre son tems à examiner si cet accident étoit l'ouvrage du hazard ou de la réflexion , il le tourna si rapidement à son avantage , que la Comtesse , en femme polie, lui laissa la liberté de lui prouver qu'un homme peut être en même tems très-éloquent & très-expressif. . . . .

. . . .

Lorsque le feu de la conversation fut un peu tombé , Lady Dempster demanda compte à notre Héros de la conversation qu'il avoit eu la veille avec M. Creighton & le jeune Ecclésiastique.

Je vous ai observé Patrick , & je suis sûre qu'il étoit question de moi; si vous

faites quelque cas de mon eſtime, vous
ne me cacherez rien.

Me pardonneriez-vous de trahir lâchement la confiance de M. Creighton? Il
a cru parler à un homme d'honneur.

Pouvez-vous balancer entre cet homme
& moi? Ne parlez plus d'honneur, &
ſongez à me plaire. Mes ennemis doivent être les vôtres, comme les vôtres
feront les miens.

Ce ton affirmatif décida Patrick; je
ne veux pas être réduit, ſe dit-il, à
vivre de nouveau des bontés de Sir
James, & il rendit à la Comteſſe la
converſation qu'il avoit eue la veille
avec Creighton & l'Eccléſiaſtique.

Elle étoit trop fine, & trop diffimu-
lée, pour laiſſer éclater toute la violence
de ſon indignation; c'eſt pourquoi fei-

gnant d'écouter ce qu'elle apprenoit avec une indifférence fimulée, elle dit à Patrick en fouriant :

J'ai honoré ces deux hommes de mon amitié, & ai même obtenu hier pour Creighton une penfion de cinq cens livres, & le Doyenné d'A... pour le jeune Eccléfiaftique. Je les croyois alors tous les deux dignes de ma protection ; mais puifque vous avez diffipé le nuage dont ces impofteurs couvroient mes yeux, il eft jufte que vous profitiez de leur fottife, & de leur indifcrétion. Je vous jure, Patrick, par ce qu'il y a de plus facré, que je n'ai jamais eu d'autres liaifons avec cet Eccléfiaftique, que celle qu'on forme tous les jours avec des perfonnes dont les goûts fympatifent avec les nôtres, & qui recherchent les mêmes

amufemens. J'aime paffionnément la
Mufique; il la poffède parfaitement, &
joue en Maître de plufieurs Inftrumens.
Comme je n'avois qu'à ordonner pour
le voir empreffé à fatisfaire mon goût
pour cet Art, j'ai cru convenable de le
récompenfer. Les Grands, mon cher
Patrick, ont plus d'égards à ces fortes
de fervices, qu'au mérite réel. Qui-
conque peut flatter leurs fantaifies ou
leurs paffions, trouvent toujours en eux
un ami zélé ou un protecteur généreux.
En vain le génie, les talens, la conduite,
réclament la préférence; ne vivant que
pour nous, ceux qui s'empreffent à
rendre notre exiftence agréable, font
les feuls dont nous faffions quelque cas.
N'oubliez pas cette vérité, qu'elle foit
la règle de votre conduite. Dans la car-

rière où vous entrez, mille rivaux vous
difputeront les places & les honneurs;
celui qui arrive le premier au but, foit
qu'il y parvienne par l'intrigue ou par le
mérite, eft fûr d'avoir les rieurs de fon
côté, & fon triomphe fait toujours
oublier les moyens qu'il a employés pour
l'obtenir. Gardez-vous fur tout de pro-
noncer encor le mot d'honneur; ce vain
nom, ainfi que celui de la vérité, font
peftilentiels à la Cour.

Cet avis, Madame, me prouve l'eftime dont vous voulez bien m'honorer.

Et il la remercia de façon à augmenter
beaucoup cette eftime.

Je veux vous donner, mon cher
Patrick, une preuve plus convaincante
& plus folide de mon affection. La

E iv

penfion que j'avois obtenue pour
Creighton fera pour vous.

Mais Milady, fous quel pretexte peut-
elle m'être accordée ? Je n'ai rien fait
pour la mériter; vous ne parlez certainement pas férieufement.

Je vous demande pardon. Vous m'a-
vez plu : n'eft-ce rien que cela ?
défaites-vous de cete délicateffe , ou
cherchez des protecteurs que le mérite
feul puiffe procurer. Vous avez apporté
de la Province un entêtement de vertu
qui croifera, j'en ai peur, mes bonnes
intentions pour vous. Aimez-vous mieux
fuivre les fots fcrupules de votre cœur
que d'être guidé par moi? Comment
n'avez-vous pas acquis plus de lumières
à l'école de Lady Walter! cette belle
Dame a-t-elle donc des mœurs fi fé-

vères ? mais , pardonnez la queſtion, j'oubliois que vous ne voulez pas y répondre.

Le bonheur de vous plaire, Milady , fait taire toute autre paſſion dans mon cœur. Ma fortune n'eſt pas ce qui m'occupe. Permettez-moi de vous adorer, voilà le ſeul bien que je deſire !

Ainſi donc, mon cher Patrick , vous ne vivrez que d'amour , & refuſerez cette penſion , parce que vous ne croyez pas la mériter. Je n'abuſerai pas d'un enthouſiaſme ſi flatteur pour ma vanité , je dois ſonger à vous quand vous vous oubliez vous-même.

Dites-moi du moins ſous quel prétexte vous prétendrez m'avoir donné cette penſion ?

Pour des ſervices ſecrets. Avec cette

E y

phrafe, mon cher Patrick, on fatisfait
la Cour, & fait taire les envieux. C'eſt
un préſent que je veux faire à mon
Amant, & ſur lequel je ne veux pas qu'il
me contrediſe. Mais pour fatisfaire ſes
intentions honnêtes, je vais le mettre à
portée de faire du bien à un homme
vertueux & éclairé. Le Docteur Crammer a un juſte droit au Doyenné que je
voulois donner au jeune fat dont nous
avons parlé, il l'auroit même obtenu ſi
mon crédit ne l'avoit emporté ſur ſon
mérite ; je veux qu'il l'ait…. je vous
charge de lui annoncer…. de lui dire
même que c'eſt à vous ſeul qu'il en eſt
redevable. Ce digne homme recevra
cette grace ou *cet avancement* avec d'autant plus de plaiſir, qu'elle lui viendra
d'une main qui ne l'expoſera pas à

rougir. Je vais mander au Viceroi le changement que je viens de faire, & je fuis fûre qu'il y foufcrira.

La juftice que vous rendez au Docteur Crammer démontre la beauté de votre ame; il faut, Milady, que vous foyez née avec un penchant bien décidé pour le bien.

Je méritois cet éloge, mon cher Patrick, avant que l'orgueil & l'ambition n'euffent corrompu mon cœur. Si je pouvois prendre aujourd'hui fur moi de mener une vie retirée, & de renoncer aux plaifirs où je trouve mon bonheur, je me garderois bien d'être fauffe & injufte; mais jufqu'à ce que le dégoût du monde ne me retire du brillant théâtre où je trouve toutes mes délices, je continuerai à y remplir le rôle que mon

E vj

goût actuel, & la folie des hommes, m'ont imposé.

Cet aveu sincère excuse votre conduite & vous rend mille fois plus charmante à mes yeux. Avec moi, ma chère Milady, soyez toujours vous-même.

Je ne vous promets pas trop cela. L'habitude est une seconde nature. Malgré toute mon inclination pour vous, ma tête peut à mon insçu l'emporter sur mon cœur.... Je me donne à vous avec mes vices & mes vertus. Pardonnons-nous nos foiblesses mutuelles : passez-moi ma légèreté, & moi, je vous passerai de tems en tems vos notions gothiques sur l'honneur.

J'y consens, dit notre Héros en scellant cet accord sur les lèvres de Milady.

Il me vient une idée , dit-elle , il faut que vous portiez ma lettre à Son Excellence ; cela vaudra mieux qu'une préfentation en forme. Je vous préviens que cet homme eft très-infatué de fon rang, ... oppofez de l'efprit & de la dignité à fes hauteurs & affectez de l'indifférence pour fes faveurs. Il a le caractère un peu féminin ; moins vous paroitrez empreffé à lui demander, plus il s'empreffera de vous accorder.

Son amour pour vous, Milady, me femble très-naturel; mais vous, comment pouvez-vous l'aimer ?

Ne proftituez pas ce mot, Patrick; pouvez-vous croire qu'une femme qui vous confie fon cœur & fa réputation puiffe aimer Son Excellence? L'ambition eft bien tyránnique; puifque les hommes lui facrifient fouvent leur gloire, eft-il étonnant que les femmes lui facrifient leur délicateffe?

Mais n'eft-ce pas auffi par vanité plûtôt que par amour qu'il paroît attaché à vous?

Puifqu'il me préfère à fes propres intérêts, je ne puis douter de la réalité de fa paffion. Je ne fçais pourquoi, mon cher Patrick; mais vous m'avez infpiré une confiance qui va jufques à l'indif-crétion. Je vous laiffe voir mon cœur à découvert.

Soyez perfuadée, ma chère Milady, que vous n'aurez jamais lieu de vous en repentir.

Vous avez un air de candeur & de bonne-foi que je n'ai jamais vu dans aucun de vos femblables. C'eft avec ce talifman, fans doute, que vous m'avez captivée. Si tous les hommes vous ref-fembloient , nous ne ferions pas tentées d'être fauffes, chaque femme deviendroit vertueufe par choix , fi elle ne l'étoit pas par inclination. Les hommes , mon cher Patrick , font les auteurs de nos foi-bleffes , de nos fottifes & de nos vices ; ce font eux qui dirigent nos mœurs , & c'eft pour leur plaire que nous fommes obligées de nous dégrader nous-mêmes. Pour une femme qui fupportera patiemment l'infolence & les infidélités de fon mari, pour une qui préférera une vie fage & retirée , à une vie folle & diffipée , mille reffentiront vivement les torts & les injuftices qu'on leur fait ; mille fe livreront à la vanité , & aux plaifirs dont jouiffent leurs tyrans. Qui pourroit modérer en elles la foif de la vengeance & des jouiffances. Les hommes fe difputant à l'envi à qui montrera le plus de mépris pour les mœurs, la religion, & l'honneur, ne nous engagent-ils pas à fuivre leur exemple & à devenir auffi vicieufes qu'eux? Eft-ce en fe jouant de la vertu, qu'ils nous la rendront refpectable? Eft-ce en ridiculifant la modeftie qu'ils mettront un frein à nos defirs, & au befoin d'aimer que nous fentons dans nos cœurs. A moins que l'honneur, la décence & la vertu ne reprennent leurs droits fur les hommes, & n'arrêtent le torrent de vices qui corrompt leurs mœurs, nous ferons néceffairement en-traînées dans fa courfe. Plaignez les femmes qui s'écartent de leurs devoirs,

Pattrick, mais ne les condamnez pas ; il n'eſt point aiſé de ſubjuger la nature, de réſiſter à l'exemple & de maitriſer ſes paſſions. Mas je m'apperçois que je deviens trop grave, je vous ennuie, ſans doute, & perds cette illuſion & ces charmes que je tiens, dites-vous, de la nature.

Le galant Patrick lui prouva ſur le champ qu'elle n'avoit rien perdu à ſes yeux.

La Comteſſe écrivit ſa lettre, & notre Héros, après avoir baiſé la main qui la lui avoit remiſe, s'empreſſa d'aller faire ſa cour au Viceroi.

CHAPITRE XII.

PAUVRE Creighton , dit Patrick,
faut-il que je fois heureux à tes dépens?
En te trahiſſant, je me ſuis conduit
comme un miſérable.... mais faiſons
taire ces ſaillies d'honnêteté, elles ne
conviennent pas à ma ſituation ; je ſuis
réduit à retourner chez Sir James, ou à
me laiſſer conduire par la Comteſſe.
Comme elle m'a parlé ! ſi convaincue
de ſes fautes , & ſi éloignée de ſes devoirs;
connoiſſant ce qu'elle doit faire , & s'en
écartant chaque jour ! Ah! ſans les effets
funeſtes de l'orgueil & de l'ambition,
elle auroit été l'honneur de ſon ſexe ;...
Mais cette penſion qu'elle veut me faire

avoir, pourroit-elle servir à mon bonheur ? Le prix d'une action, malhonnète
doit laisser des remords dans le cœur
d'un homme vertueux ! hélas, je parle
de vertu, & je suis dans la misère !....
Cinq cens livres par an, & pourquoi ?
pour avoir plû à la Maîtresse du Viceroi !
Son Excellence ne sera sûrement pas
assez insensée, assez ennemie de son
pays, pour nourrir ma paresse sur l'in-
dustrie publique. S'il se rendoit cependant aux desirs de la Comtesse, je ne
pourrois le refuser sans m'en faire un
ennemi : je dois éviter sa haine...... il
seroit également stupide & dangereux de
le rappeller à ses devoirs.... d'ailleurs,
de pareilles injustices font peut-être une
des prérogatives de sa place. Allons,
puisque je ne puis me résoudre à vivre

des charités de Sir James, il faut fuivre
ma pointe & ne pas préfumer être plus
fage & plus honnête qu'un Lord-Lieutenant qui a le pouvoir de procurer une
penfion de cinq cent livres à un homme
qui n'a rien fait pour la mériter.

Comme c'étoit un jour d'Audience,
notre Héros trouva dans l'Antichambre
du Viceroi, une foule de Courtifans qui
l'attendoient. Impatient de connoître fon
fort, il dit à un des Gentilhommes de
la Chambre qu'il venoit de la part de
Lady Dempfter, ce qui le fit introduire
fur le champ dans le Cabinet de Son
Excellence.

Pourquoi n'attendez-vous pas l'heure
de l'Audience, lui dit le Viceroi les
yeux attachés fur quelques papiers qu'il
ne lifoit pas. Qui-êtes vous?...... Que
demandez-vous?

Cette lettre en inſtruira Votre Excellence, répondit notre Héros en lui
remettant celle de Lady Dempſter.

Je crois, en vérité, que cette femme
extravague, s'écria le Lord-Lieutenant
jettant un regard dédaigneux ſur Patrick
& ſe levant avec courroux'; quel mérite a-t-elle donc trouvé en vous pour
qu'on vous donne une penſion de cinq
cent livres.

C'eſt un ſecret, Mylord, qu'elle ré-
ferve pour votre Excellence; je n'ai pas
l'honneur d'être dans ſa confidence.

Vous n'avez pas l'honneur d'être
dans ſa confidence, reprit le Lord-
Lieutenant imitant le ton décidé de
notre Héros,

Non, Mylord, répondit-il en prenant une priſe de tabac & ſe carrant

devant une glace qui étoit vis-à-vis de lui.

Et vous ne vous attendez pas, sans doute, que j'acquiesce à sa demande ?

Je n'en sçais rien, Mylord, mais je le suppose.

Eh bien, vous vous trompez dans votre supposition, car je n'en ferai rien.

Fort bien, Mylord, j'ai l'honneur d'être votre serviteur très-humble.

Et après une légère inclination, il gagna la porte.

A-t-on vu jamais une pareille impudence, s'écria le Viceroi. Ecoutez, Monsieur, écoutez.

Que vous plait-il, Mylord ?

Ce qu'il me plaît, Monsieur, est de vous demander où vous avez appris cette façon de mendier des graces ?

Moi, Mylord? je ne mendie rien, c'eft Lady Dempfter & non moi que Votre Excellence refufe.

Belle diftinction, en vérité, s'écria de nouveau le Viceroi un peu furpris de la réponfe de Patrick & craignant d'offenfer la Comteffe. Si vous étiez à la place de M. Creighton, feriez-vous bien-aife d'être privé d'une penfion due à vos fervices?

Vous voudrez bien me permettre, Mylord, de ne pas répondre à cette queftion.

C'eft donc à dire, que pour plaire à Lady Dempfter, il faudra que j'ôte le pain à un homme de mérite.

Cette réflexion toucha le cœur de notre Héros, qui fe livrant à fes fentimens généreux étoit fur le point de les fuivre,

lorfque fon intérêt lui dit à l'oreille :
" que fon Excellence fe conduife comme
" il le jugera à propos ; ce n'eft pas à
" toi à lui dicter ce qu'il doit faire ;
" fouviens-toi fur-tout que tu es dans
" la mifère ".

Le Viceroi s'approcha d'une fenêtre,
où après quelque minutes de réflexion,
il fe retourna d'un air affable vers
Patrick.

Puifque Lady Dempfter ne s'oppofe
pas à la promotion du Docteur Crammer, vous aurez cette penfion. Dites-
lui que j'enverrai en conféquence un
Courier à Londres cet après-dîner.
Réfervez vos remercimens pour une
autre fois, je n'ai pas le tems de les
écouter à préfent. Mais fouvenez-vous,
jeune homme, de vous défaire de cet

air

air important & décidé que je ne ferai pas toujours d'humeur à fupporter; je vous en avertis.

Et il parut à fon Audience , s'appuyant avec bonté fur l'épaule de notre Héros.

II. Partie.   F

CHAPITRE XIII.

LE Viceroi lui donnoit des marques
si particulières de son amitié, que les
plus hupés de ceux qui se trouvoient
à l'Audience, cherchoient à faire la
connoissance de Patrick ; & Son Excellence, qui observoit les effets de son
injuste préférence, s'amusoit des hommages qu'on s'empressoit de rendre à
l'idole que son caprice venoit d'élever.

M. d'Alton étoit du nombre de ceux
qui étoient venus rendre leurs respects
au Viceroi. Surpris de la familiarité
avec laquelle il traitoit notre Héros,
il s'arrêta devant lui la bouche ouverte,
& le tirant par la manche :

Me connoiffez-vous, lui dit-il?

Vraiment, òui, lui répondit Patrick, je vous reconnois pour le plus vil & le plus lâche de tous les hommes.

Comment donc? Vous vouliez me faire cocu, je vous ai fait fauter fur la couverte; nous fommes quittes, je penfe. Allons, allons, oublions tout cela de part & d'autre. L'amitié d'un riche Alderman de Dublin n'eft pas à dédaigner, foyez-en fûr.

Eh bien, à la bonnè heure. Touchez-là; mais vous favez qu'il y a une autre réconciliation à faire. . . . .

-Oh, rien ne fera plus aifé; ma femme eft du meilleur naturel du monde. Venez dîner avec nous. Nous noyerons le paffé dans le vin de Champagne. J'ai, ma foi, le meilleur qui foit dans les trois Royaumes. Eh bien, cela vous tente-t-il ?

Vous êtes ſi prodigieuſement jaloux, M. d'Alton, que je crains fort d'avoir avec vous de nouvelles altercations. Ne m'invitez pas à aller voir votre femme ; ou rapportez-vous-en entière-ment à ma diſcrétion. Je n'ai certaine-ment pas envie de l'offenſer une ſeconde fois. La première m'a appris à être pru-dent.

Venez, venez ; comme il y a appa-rence que vous ne vous expoſerez plus à être berné, je ne ſerai plus jaloux..... Mais, dites - moi..... Vous paroiſſez être très-bien avec le Viceroi, auriez-vous réellement quelque crédit auprès de lui ?

Comment, ſi j'en ai, répliqua Patrick

en prenant un air d'importance ? Personne ne peut se vanter d'en avoir autant.
Si vous avez besoin de lui , vous n'avez
qu'à parler, vous verrez ce que je puis
faire.

Et vous seriez homme à me servir ?

Pourquoi pas ? Ne sommes-nous pas
amis à présent ?

Je me suis toujours si fort opposé aux
projets de Son Excellence , qu'il me
regarde comme un ennemi.

Tant mieux ! c'est la meilleure situation possible pour obtenir sa faveur.
Je vous la procurerai, soyez-en sûr :
n'est-ce pas cela que vous desirez ?

Nous ne pouvons guères parler ici
d'affaires secrettes.

Eh bien, nous en traiterons après
dîner.

F iij

Le Lord Carthagan, qui avoit vu notre Héros chez Lady Dempfter, vint à lui.

. Comment vous portez-vous, mon cher Ohara? Où logez-vous donc ici? Ne vuiderons-nous pas une bouteille enfemble? Que devenez-vous ce foir? Avez-vous quelques engagemens? Nous fommes une troupe de joyeux Compagnons qui nous raffemblons à la taverne de G.... Voulez-vous être des nôtres! Je vous préfenterai.

Je fuis bien fâché, Mylord, de ne pouvoir accepter la partie pour ce foir, répondit Patrick; mais demain, fi cela vous arrange, je ferai à vos ordres.

Eh bien! à la bonne heure; à demain, j'irai vous prendre, ou plutôt venez dîner avec moi, je vous attendrai.

Et il partit sans faire la moindre attention à M. d'Alton.

Ce Lord est donc de vos amis, demanda à Patrick l'Alderman étonné de la
grande familiarité qui régnoit entre eux,
& piqué de ce qu'on ne lui avoit pas
rendu son salut.

Oui, répondit froidement Patrick.

C'est le Seigneur du Royaume le
mieux à la Cour.

Je le sais, & je puis vous assurer que
je dispose entièrement de son crédit.
Mais pardon; je me rappelle de quelque
chose dont il faut que je parle à Son
Excellence.

Et il traversa le cercle d'u..... te &
important.

Le Lord-Lieutenant l'avoit vu avec
plaisir entretenir l'Alderman, & désiroit

F iv

favoir le fujet de leur converfation.
M. d'Alton étoit un des principaux
perfonnages de la Cité, & avoit fouvent, foit par caprice, foit par honnêteté, exercé fon influence fur le
peuple, pour s'oppofer avec fuccès aux
mefures de l'Adminiftration ; on lui
avoit fait plufieurs offres pour le gagner
ou pour l'engager du moins à la neutra-
lité ; mais aucune ne fatisfaifant fon avarice ou fa vanité, il avoit réfifté conf-
tamment à l'appas de l'or & des honneurs, & il continuoit à combattre fous
les bannières du patriotifme comme un
défefpéré qui n'a rien à perdre & tout à
gagr

CHAPITRE XIV.

Dès que notre Héros eut rejoint Son Excellence, elle lui demanda à l'oreille, s'il étoit lié avec ce faquin de d'Alton?

L'épithète que vous lui donnez, Mylord, ne m'encourage pas à vous dire qu'oui.

Ne vous fâchez pas, Monsieur Patrick, reprit Son Excellence en riant; dites-moi seulement si vous croyez avoir assez d'ascendant sur cet homme pour séduire son honnêteté?

Son Excellence auroit-elle envie de l'acheter? En vaut-elle la peine? Combien en donneriez-vous?

Beaucoup, mais pas autant qu'il l'estimera.

F v

Eh bien, Mylord, repofez-vous fur moi, je ferai votre affaire.

Si vous réuffiffez, la penfion que je vous ai accordée, loin d'être une injuftice, deviendra un acte de gratitude de la part du Gouvernement, à qui vous aurez été utile.

Pour que je puiffe en jouir fans remords & amener l'Alderman à vos propres termes, Mylord, n'abandonnez pas le pauvre Creighton; daignez m'affurer que vous en prendrez foin, & je vous affure, que je gagnerai M. d'Alton.

La Comteffe eft fi furieufe contre Creighton !..... Son Excellence ne peut-elle à fon infçu faire du bien à un homme de mérite? Ah, Mylord, fuivez les mouvemens de votre cœur généreux, & ne souffrez pas que le pauvre Creighton soit la victime de vos bontés pour moi.

Vous êtes bienheureux que la Comtesse ne vous entende pas parler de la sorte..... Croyez-moi, ne vous livrez pas avec tout le monde aux impulsions de votre bon naturel..... Gagnez l'Alderman, je prendrai soin de Creighton.

Tant de générosité, Mylord, m'attache à vous pour jamais. Vous pouvez compter entièrement sur ma discrétion & sur ma fidélité.

Allez & triomphez; lui dit Son Excellence en lui donnant un petit coup sur l'épaule. Vous aurez soin de me faire part de votre victoire, aussi-tôt que vous l'aurez obtenue.

Me voilà reconcilié avec la fortune,

dit Patrick à lui-même, je n'aurois pû jouir tranquillement de ſes faveurs aux dépens de Creighton ; mais puiſqu'il n'en ſouffrira pas, & que je puis être réellement utile au Gouvernement, je ne dois pas me faire un ſcrupule de profiter de la penſion qu'on m'accorde. Il eſt différens moyens de mériter pareilles graces ; & autant que je puis m'y connoître, la conquête de d'Alton peut être d'un auſſi grand ſervice à l'Etat, que le gain d'une bataille. Un Patriote eſt plus ſouvent l'ennemi de ſon pays que ceux qui le gouvernent. Enfin, Son Excellence & l'Alderman ont beſoin l'un de l'autre, la circonſtance eſt heureuſe, & je ſerois un grand ſot de n'en pas tirer parti.

Le digne Alderman de Dublin s'éton-

noit de voir une efpèce d'Avanturier
qu'il avoit fait fauter fur la couverte, en
liaifon intime avec le Viceroi & la première Nobleffe du Royaume. L'ambition s'étant emparée tout-à-coup de fon
cœur, il oublia non-feulement l'injure
que Patrick lui avoit faite, mais peu ne
s'en fallut qu'il ne défirât que fa femme
eût été moins févère, pour avoir un
jufte droit à la reconnoiffance de notre
Héros. Il me fiéroit mal, fe dit-il, d'être
jaloux d'un homme dont le crédit auprès
de Son Excellence peut m'être d'une fi
grande utilité. Il n'a d'ailleurs probablement pas intention de me faire de
nouvelles infultes. Au refte, arrive ce
qui voudra, je dois le ménager puifque
j'ai befoin de lui, & je fuis trop avancé
pour ne pas lui faire confidence entière.

Voyant alors Patrick sortir de l'appartement du Viceroi, il lui offrit sa voiture, que notre Héros refusa poliment.

Prévenez, je vous prie, Mme d'Alton de notre raccommodement, & dites-lui que je veux faire ma paix avec elle. Adieu, j'ai encore quelques visites à faire ; dans une heure au plus tard je serai chez vous.

Et prenant une chaise il donna ordre à ses Porteurs de le conduire chez le Docteur Crammer.

CHAPITRE XV.

IL n'eſt pas auſſi difficile que je le croyois de jouer le rôle de Courtiſan, dit notre Héros fier de ſes ſuccès, & de la ſenſation qu'il venoit de faire chez les Grands. Qu'il y a peu de différence entre les hommes & les femmes que j'ai vus ici! Je ne ſais pas, en vérité, ſi l'avantage n'eſt pas même du côté des dernières. Dans un pays bien policé, Son Excellence & une partie de ceux qui compoſoient ſa Cour, auroient mérités une punition exemplaire; lui, pour avoir préféré les intérêts de Lady Dempſter à ceux de la Nation qu'il gouverne; eux, pour l'encouragement qu'ils donnent à ſes injuſtices, & le mépris qu'ils affichent de l'honneur & de la Religion. Mais moi qui condamne les autres, n'ai-je pas auffi mes defauts ? Sans doute ? cependant, fi je ne fuis pas trop partial fur mon compte, je crois que mon plus grand foible eft de ne pouvoir réfifter aux charmes de la beauté..... C'eft un objet fi tentant qu'une jolie femme !.... Comme fa vue agite mon cœur & mes fens !..... Ah ! dans le feu de l'âge, quel homme peut fe flatter de vaincre le doux penchant qui nous attire vers elles !.....

La voix de M. Felton, qui crioit de fa fenêtre aux Porteurs de s'arrêter, tira notre Héros de fa rêverie.

Quelles nouvelles, mon cher M. Felton ?

- Des lettres de votre pays.

Ah, je vous remercie, dit Patrick en

les mettant dans fa poche. Je viens du Château, mon cher ami, où j'ai réuffi au-delà de mes plus grandes efpérances. Au premier pas que je fais dans la carrière de la fortune, j'ai devancé prefque tous ceux qui m'y précédoient.

Les femmes, dit M. Felton en fouriant, connoiffent le prix d'une jolie figure, les nôtres font auffi connoiffeufes en ce genre que celles de Londres. Mais ne vous fiez pas à leur conftance, mon cher Patrick. Les Belles font auffi volages à Dublin que dans la Région de S. James. Saiffiffez le moment de faveur. Vous êtes aujourd'hui pour elles, une nouveauté dont le charme s'évanouira bien-tôt, & vous perdrez avec lui le feul mérite qu'elles foient capables de vous découvrir. Comme un météore

brillant, vous éblouissez leurs yeux ;
profitez de leur aveuglement ; tant qu'il
durera, vous en obtiendrez tout ce que
vous voudrez. Mais à propos ; Miſtriſſ
Price, une Marchande de Modes de là
rue S. E. eſt venue vous demander il y
a environ une heure ; c'eſt probablement quelque nouvelle intrigue, car
elle n'a pas voulu dire le ſujet de ſon
meſſage.

Je me doute de ce que c'eſt, dit Patrick
en ſecouant la tête d'un air conquérant ;
mais je ſuis forcé de vous quitter ; juſ-
ques au revoir, mon cher Felton ; &
après s'être ſerré la main, ils ſe ſéparè-
rent en riant.

Je n'ai encore entendu perſonne faire
l'éloge des femmes, ſe dit notre Héros
en rentrant dans ſa chaiſe. Sont-elles

donc toutes fauſſes & trompeuſes ? Comment, pas une d'honnête, pas une de
vraie parmi elles ? Eſt-ce la faute de la
Nature, ou de l'éducation ? Henriette
élevée dans la plus grande ſimplicité de
mœurs, & dans l'ignorance du monde,
peut - elle avoir un cœur ſemblable à
celui de Lady Dempſter ? Non, certainement. Henriette jalouſe de mériter ſeu-
lement l'éloge des hommes dont leſ-
time peut l'honorer, n'a point les incli-
nations de ces femmes empreſſées à
ſatisfaire leur vanité par des bagatelles,
& à s'attirer l'admiration des fats & des
libertins. L'ingénuité qu'elle a fait paroître dans notre dernière entrevue étoit
bien naturelle..... Cependant elle a été
avec le Sommelier ſur la terraſſe ; eh
bien, quel mal y a-t-il à cela ? Ne peut-

elle pas m'aimer de tout fon cœur, &
caufer avec un autre? Oui, oui, l'hif-
toire de Sophie & le Claret m'avoient
rempli la tête de terreurs auffi vaines &
auffi puériles, que la modeftie d'Henriette eft pure & intacte. C'eft un tréfor
que je dois conferver..... Hélas ! je
n'en fuis guères digne !

Ouvrant alors une des lettres que lui
avoit remis M. Felton, il y lut ce qui
fuit :

« Mon cher Patrick, l'aimable, la
» vertueufe Henriette, a été à l'article
» de la mort »....

A cette lecture le cœur de Patrick
fut ferré par la douleur ; l'éclat de fes
joues s'évanouit, & des larmes involon-
taires coulèrent de fes yeux. De ce
moment feul il connut combien il aimoit

fa chère Henriette. La vanité, le plaifir,
ou l'ambition, l'avoient prefque bannie
de fon cœur, ou du moins affoibli l'im-
preffion qu'elle y avoit faite. Le danger
qu'elle couroit réveilla fa fenfibilité.
Il s'y livra quelques inftans; mais l'efpérance fe faifant jour à travers fon
défefpoir, il reprit la lettre fatale qui la
caufoit.

« L'aimable, la vertueufe Henriette
» a été à l'article de la mort; mais grace
» à la Nature & à nos foins, fon réta-
» bliffement n'eft plus douteux ».

O Ciel! s'écria notre Héros tranf-
porté de joie, que de remercimens je
te dois!

« Vous avez été la caufe du danger
» qu'elle a couru. Pierre l'informa de la
» jaloufie que vous aviez témoignée

» contre Simpfon, & vous fit parler
» tout différemment, fans doute, que
» vous n'aviez fait. Ce rapport, joint
» à votre départ d'ici fans la voir,
» lui faifant craindre de s'être attiré
» votre haine; la tendre Henriette fe
» livra au défefpoir..... Une fièvre vio-
» lente...... Ah! Patrick; que n'ai-je pas
» fouffert!..... Nous étions, hélas! fans
» efpérance, lorfqu'une crife heureufe
» l'a rendue à mes vœux, aux vôtres, &
» à ceux de toute ma maifon dont elle
» fait les délices. Dès qu'elle fut en état
» de m'entendre, je lui fis part des der-
» niers mots que vous m'aviez dit fur
» fon compte en partant; je la raffurai
» fur le vôtre, & fon cœur ceffa d'être
» déchiré par la crainte de vous avoir
» perdu. Vous trouverez peut-être quel-

» ques femmes, Patrick, qui flatteront
» plus vos sens qu'Henriette ; mais vous
» n'en trouverez aucune qui puisse mieux
» toucher votre cœur, & qui soit plus
» faite pour l'attacher.... Adieu, Patrick;
» cherchez la fortune par des moyens
» honnêtes, & songez que la vertu est
» la seule route qui conduise au bon-
» heur ».

JAMES WALTER.
KILLERN HALL.

CHAPITRE XVI.

AH! Sir James, s'écria notre Héros, puiffe votre exemple enflammer mon cœur & le remplir de vos vertus ! Mais à mon âge & dans ma pofition, je ne puis qu'effayer de vaincre mes paffions fans me flatter d'y réuffir. J'ai déja bu dans la coupe du plaifir, & quoique fa liqueur enchantereffe ne m'ait pas enivré, qui fait tout l'afcendant qu'elle peut prendre fur ma raifon ? On ne fe livre guères aux privations dans le printems de la vie ; fur-tout lorfqu'elles nuifent à notre fortune.

Henriette, je connois tout le prix de ton attachement ; mais pour que j'en

fois

fois plus digne, pardonne quelques erreurs à ma raifon & à ma vertu. Crois qu'elles feront l'ouvrage de la néceffité, & non l'effet d'un goût & d'un cœur dépravé.

Sa chaife s'étant arrêtée à la porte du Docteur, notre Héros fe fit introduire chez-lui, & le trouva dans fa bibliothèque.

A qui ai-je l'honneur de parler, demanda le Docteur en s'avançant d'un air affable vers notre Héros ?

A un ami des hommes vertueux qui n'ont d'autre droit aux faveurs des Grands, qu'un mérite réel trop fouvent facrifié dans ce fiècle égoïfte & corrompu, à la fottife & à la baffeffe.

Que la vertu eft aimable fous les traits de la jeuneffe, s'écria le Docteur!

II. Partie.　　　　　G

Comment , Monſieur, à votre âge, vous êtes exempt des vices à la mode?… fait pour leur donner de la célébrité, vous en êtes l'ennemi !

Si vous me connoiſſiez mieux, Docteur, vous vous repentiriez peut-être de l'eſtime que vous me témoignez. Je la mérite bien peu, je vous aſſure.

Vous la méritez du moins par votre modeſtie. Mais puis-je ſçavoir, Monſieur, ce qui me procure l'honneur de vous recevoir ; ſuis-je aſſez heureux pour vous être de quelqu'utilité. Mon crédit eſt bien peu de choſe, mais tel qu'il eſt vous pouvez en diſpoſer.

Je viens, Monſieur, répondit notre Héros d'un ton pénétré, vous prier d'accepter le Doyenné d'A….

! On venoit de me dire à l'inſtant qu'il

avoit été accordé hier au foir à M. Gaily.

Cela étoit vrai hier, mais ne l'eſt plus aujourd'hui.

Dieu foit béni! s'écria le Docteur dans un tranfport de joie involontaire; j'en aurai plus de moyens de faire le bien.

Et des larmes caufées par la vertu inonderent fes joues vénérables.

Patrick également touché fe difoit à lui-même : hélas! je fuis bien loin de lui reffembler !

C'eſt donc là l'ufage que vous comptez faire de votre Doyenné , lui dit-il en fouriant ; màis ne craignez-vous pas, Docteur, que cela ne vous donne un ridicule.

Mon cher Monfieur, ma confcience

G ij

est mon seul juge, & tant qu'elle approuvera mes actions, je rirai de la vaine censure des hommes. Le pauvre & l'infortuné ont, à proportion de mes facultés, des droits sur moi qu'il est de mon devoir de satisfaire.

Je suis persuadé que M. Gaily se seroit plutôt créé des besoins, que de soulager ceux des autres.

A Dieu ne plaise que je pense ainsi de ce jeune homme, il est dans un âge où l'on ne maîtrise guères ses passions. Sa tête l'égare quelquefois, son cœur peut être bon. Un état fixe & indépendant change souvent un homme, mon cher Monsieur ; peut-être que si M. Gaily avoit été nommé au Doyenné, il auroit abandonné ses erreurs pour se livrer entièrement à la vertu, & seroit devenu l'ornement de la focieté & l'honneur de la religion.

C'eſt un peut-être, Doſteur, auquel je ne voudrois pas confier le foulagement des infortunés. Je fais des vœux pour que vous jouiſſiez longtemps de votre nouvelle Dignité.

Mais permettez-moi de vous demander à qui j'en fuis redevable ?

A vos vertus. Je viendrai vous prendre demain pour aller enfemble chez Son Excellence.

Et ils fe quitterent pleins d'eſtime l'un pour l'autre.

CHAPITRE XVII.

UN honnête homme, dit Patrick, est le plus beau spectacle que puisse offrir la terre. Que le Docteur est heureux de pouvoir se dire, je n'ai d'ennemis que les gens vicieux! ne pourrai-je jamais me flatter d'un semblable avantage! les séductions de la jeunesse & de l'ambition que je trouve à chaque instant sous mes pas sont trop fortes, pour que je puisse espérer de sitôt un pareil changement; tout en le desirant avec ardeur, je soupire encore pour le plaisir & pour la fortune... Il faut que je voye souvent le Docteur Crammer; ce n'est que dans la société d'un homme vertueux que je puis trou-

ver un remède au poifon qui me dé-
vore.

Plein de cette dernière réfolution ,
notre Héros arriva chez M. d'Alton , qui
enchanté de recevoir un homme intimement lié avec le Viceroi & la première
Nobleffe du Royaume, n'avoit pas man-
qué d'inviter à dîner une compagnie
nombreufe & choifie. A la vue de
Patrick , Madame d'Alton feignant de
rougir, lui dit, de façon à n'être entendue
que de fon mari :

Je me flatte, Monfieur, que vous avez
appris à devenir plus circonfpect & que
vous ne me mettrez plus dans la néceffité
d'appeller M. d'Alton à mon fecours.

Je ferai tous mes efforts , Madame ,
pour vous épargner ce défagrement.
Mais il me femble que nous avons une

réconciliation à faire & vous permettrez......

Miſtriſſ d'Alton ſe tourna modeſ-
tement vers ſon mari comme pour lui
demander la permiſſion d'embraſſer
notre Héros.

De tout mon cœur, de tout mon
cœur, dit le bonhomme.

Et nos Amans uſèrent, ou plûtôt
abuſerent de la permiſſion.

Dès que Patrick avoit paru dans l'appartement, ſa bonne mine, relevée
par l'élegance ſimple de ſa parure & par
l'aiſance de ſes manières, avoit fixé
l'attention générale.

Loin de paroître occupé de la ſenſation qu'il faiſoit, il s'attacha à être
honnête & prévenant envers tout le
monde ſans diſtinction. Son extrême po-

liteſſe plaiſoit d'autant plus qu'elle étoit
ſans affectation & ſembloit partir du
cœur. Avant que de ſe mettre à table,
il s'étoit fait un ami de chaque convive.

Miſtriſſ d'Alton ſaiſiſſant l'occaſion de
lui dire un mot à l'oreille, ſe plaignit de
ce qu'il la négligeoit un peu.

Vous devez être ſûr de mon cœur,
lui répondit Patrick, mais il eſt de la
prudence que nous ayons l'air indifférens.

En feignant de ne pas remarquer les
regards & les ſourires qu'on lui adreſ-
ſoit, notre Héros ajoutoit à l'ardeur que
chaque femme avoit de faire ſa conquête.

Il étoit trop pénétrant pour ne pas
s'appercevoir que leur vanité étoit en
jeu, & lorſqu'il la vit bien excitée, il ſe
prêta à leurs agaceries, de manière à
n'en décourager aucune.

G v

Que les femmes font enfans, fe di-
foit-il! ne connoiffant point la valeur
réelle du plaifir, elles n'en recherchent
que la brillante apparence! quelles têtes
que celles qui tournent auffi facilement
à la vue d'un joli homme! ah! raifon,
décence, vertu: où faut-il que je vous
cherche, puifque le cœur d'une femme
n'eft pas le temple où l'on vous trouve?

Après le premier fervice, quelqu'un
demanda s'il y avoit quelques nouvelles
au Château.

Oui, il y en a, dit un Député de la
Chambre des Communes, & telles qu'on
doit les attendre de la conduite arbitraire
de la Cour. M. Gaily, cet homme géné-
ralement méprifé, a obtenu le Doyenné
d'A....

Permettez-moi de vous dire, Mon-

ſieur, que vous vous trompez, répondit
Patrick, cette place eſt accordée au
Docteur Crammer.

Je ſçais ce que j'ai avancé de très-
bonne part, reprit le Député en jettant
un regard dédaigneux ſur notre Héros,
& je parie mille guinées contre cinq cent
que j'ai raiſon.

Eh bien, Monſieur, dit Patrick,
j'accepte le pari.

Où eſt votre caution, Monſieur? car
je ne fais pas plus de cas de la parole
d'un Courtiſan, que de ce verre de vin.

Ah! fi, M. Plump, s'écrièrent les
Dames, ce que vous dites-là eſt bien
ridicule!

Notre Héros, furieux de l'apoſtrophe,
ſe levoit pour en punir l'orgueilleux
Citoyen, lorſque M. d'Alton l'arrêtant,

le pria de s'affeoir & de l'accepter pour caution.

Eh bien, à la bonne heure, dit M. Plump, que le mouvement de Patrick avoit rendu plus honnête.

Après avoir témoigné aux Dames combien il étoit reconnoiffant de l'intérêt qu'elles avoient bien voulu prendre à lui, notre Héros demanda au Député s'il vouloit s'en rapporter à la décifion du Viceroi?

J'y confens, repondit M. Plump, je tiens mon autorité de fon Secrétaire, & nous verrons qui de nous deux aura raifon.

Patrick demanda une plume & écrivit le billet fuivant.

« M. Ohara a l'honneur de préfenter » fes refpects à Son Excellence, & de le

» prier de vouloir bien lui marquer à
» qui le Doyenné d'A . . . . a été accordé.
» Ce qui l'engage à lui demander cette
» décision, c'est que d'elle dépend un
» pari qu'il vient de faire de mille gui-
» nées ».

Puis-je envoyer ce billet, dit-il à M.
Plump, en le lui faisant passer ?

Oui, Monsieur, oui, il est très-bien.

Voulez-vous vous retirer ? il en est
tems encore.

Non, non, Monsieur, répondit le
Député, qui regardoit cette proposition
comme un présage de succès pour lui.

Vous vous en repentirez.

J'en veux courir le hasard.

Le billet fut envoyé.

Etes-vous sûr de gagner, demanda à
voix basse à notre Héros une jeune Dame

qui étoit à côté de lui ? je ferois fâchée de vous voir perdre.

N'ayez pas cette crainte, Madame.

Et il lui témoigna fa reconnoiffance en lui ferrant doucement le genou. La jeune Dame fe prêta un inftant à ce genre de remerciment ; mais voyant qu'il devenoit trop conféquent , elle crut devoir l'arrêter.

Le dîner finiffoit lorfque le porteur du billet revint & en remit un de Son Excellence à Patrick qui le lut tout haut.

« Je vous félicite , mon cher Patrick , » vous avez probablement gagné , car » c'eft le Docteur Crammer qui a le » Doyenné d'A.... »

Qui pourra fe fier après cela à la parole d'un Courtifan , s'écria M. Plump en fe levant avec fureur ? maudits foient les frippons !... Monſieur, vous pouvez envoyer chercher votre argent quand il vous plaira.

Et il ſortit marmottant quelques imprécations contre le Secrétaire du Viceroi.

- Il faut lui pardonner ſa mauvaiſe humeur, dit Patrick, ſa folle obſtination lui coûte aſſez chèr. Je ſuis réellement moins touchè du gain que je viens de faire, que du chagrin qu'il cauſe à M. Plump & de l'intérêt que ces Dames ont bien voulu me témoigner en cette occaſion.

Sa jeune voiſine ne fut pas des dernières à lui faire compliment.

Vous pouvez gagner cette ſomme auſſi facilement que je l'ai fait, lui dit Patrick.

Je ne vous entends pas, lui répondit la Dame fans lui témoigner de colère.

Faifons auffi une gageure.

Laquelle ?

Les mille guinées que j'ai gagnées à M. Plump contre cent que vous ne m'accorderez pas demain un tête-à-tête.

Quoique plus tendre que vertueufe, Miftriff Clifter avoit confervé jufqu'alors fa fageffe & fa réputation ; il eft vrai qu'elle devoit plûtôt l'une & l'autre au peu de mérite de fes adorateurs qu'à fon manque de fenfibilité. Mais ayant toujours réfifté, elle s'étoit fait les honneurs de la victoire & fe croyoit invincible. Patrick rectifia cette erreur ; dès que fes yeux & fa bouche lui eurent témoigné le defir qu'il avoit de lui plaire, elle connut l'afcendant qu'il prenoit fur elle, & fe dit: en dépit de mes triomphes paffés, je crains bien de n'être qu'une femme comme une autre. Elle avoit gémi d'être obligée de s'oppofer par pudeur aux remerciemens trop expreffifs de notre Héros, & fi fa témérité avoit allarmé fa vèrtu, elle avoit fait naître en même temps dans fon cœur des fentimens qu'elle n'avoit jamais éprouvés. Elle étoit au fort de fa recherche fur la nature de cette nouvelle fenfation, lorfque la réponfe du Viceroi acheva fa défaite. L'amour & la vanité s'uriffant contre elle, elle réfifta foiblement à leur impulfion, & tout en pleurant fa vertu, elle éprouvoit le defir de la perdre.

Gardez votre argent, Monfieur, repondit-elle avec dignité. Je puis donner mon cœur ; mais le vendre , jamais !

Votre délicateffe me charme, reprit Patrick avec le ton du fentiment; que je ferois heureux fi je pouvois obtenir un cœur auffi défintereffé !

Un foupir lui prouva qu'on l'en croyoit digne. Mais l'honneur reprenant le deffus, elle lui dit d'un air indifférent :

Plus d'un œil envieux nous obferve... fi vous avez quelqu'eftime pour moi , oubliez en ce moment que j'ai un cœur à donner.

Notre Héros obéït , & pouffa la complaifance jufqu'à faire fa cour aux autres Dames , quoiqu'au fond il ne fût occupé que de Miftriff Clifter.

CHAPITRE XVIII.

DÈS qu'on eut deffervi, M. d'Alton emmena notre Héros dans fon cabinet.

Je ne vous tiendrai pas longtemps éloigné de votre nouvelle conquête, lui dit-il avec un fouris qu'il auroit voulu rendre malin ; je vous inftruirai de mon affaire en peu de mots. En attendant, recevez mon compliment fur le choix que vous venez de faire ; Miftriff Clifter eft plus jolie que ma femme & il y a dix à parier contre un que vous ne la trouverez pas auffi farouche.

Je ne fçais fi vous êtes heureux dans vos opinions fur le compte des femmes, M. d'Alton, mais ce que je fçais c'eft que je ne mérite pas le compliment que vous me faites, & que Miſtriſſ Clifter m'eſt, je vous aſſure, très-indifférente.

Eh, mon Dieu! pourquoi cette diſ-crétion, vous n'en avez que faire avec moi; ſi cette Dame vous plaît, je vous ſervirai & vous procurerai les occaſions de la voir. Cette propoſition eſt bien honnête, M. d'Alton, répondit Patrick, qui en devinoit le motif; mais mon cœur eſt engagé ailleurs, & je vous répète que je n'ai pas la moindre prétention ſur celui de Miſtriſſ Clifter. Venons à votre affaire.

L'engagement que M. Barflour a con-tracté avec le Gouvernement pour l'habillement des troupes expire dans peu de jours, pourriez-vous me le procurer?

Comment, morbleu, M. d'Alton, ceci n'eſt pas une bagatelle ! les profits d'une pareille entrepriſe ſont très - confidé-rables. Vous demandez une faveur de la plus grande importance, une faveur que les plus grands amis de l'Adminiſtration peuvent ſeuls eſpérer du Miniſtre. Mais qu'avez-vous à offrir en échange ? parlez franchement, vous pouvez compter ſur ma probité & ſur ma diſcrétion.

Mon crédit ſur les habitans de cette ville.

Oh, avarice, avarice, que tu fais de coupables, s'écria Patrick en lui-même. La vilenie de cet homme eſt inexcuſable. Il a une fortune immenſe, & point d'enfans.

A quoi réfléchiſſez-vous ? demanda l'Alderman.

Mais votre crédit eſt-il aſſez conſidérable pour mériter une pareille entrepriſe ?

Comment conſidérable ! Je puis diſpoſer des deux tiers des voix de Dublin & j'ai ſi ſouvent embarraſſé le Gouvernement en le contrariant dans ſes vues, qu'il doit connoître l'étendue de mon pouvoir.

Et vous emploierez pour lui ce pouvoir, ſi vous obtenez ce que vous demandez ?

Cela va ſans dire.

A la bonne heure. A preſent, M. d'Alton, nous avons un autre article à traiter, ſans lequel je ne pourrai vous ſervir. Quelle part comptez-vous me donner dans vos profits ? Quel argent comptant & quelle rente.

Oh , foyez fûr que vous aurez quelque chofe. Nous verrons.

Mais quel fera ce quelque chofe.

Je ne puis trop vous le dire à prefent.

Oh bien , moi , je vais le dire pour vous. Vos profits monteront chaque année à environ deux ou trois mille livres, n'eft-il pas vrai ?

Mais......à peu près , répondit l'Alderman très-fâché de voir fon nouvel ami fi bien calculer , & prévoyant la propofition qu'il alloit lui faire.

Ainfi en vous demandant trois mille livres de pot de vin , & une rente de cinq cent tout le temps que vous garderez l'entreprife , vons ne pourrez pas trouver mes demandes ridicules.

Non pas ridicules , s'écria l'Alderman en fe promenant avec feu.

M. d'Alton, lui dit Patrick, traitons cette affaire de fang-froid. Croyez-vous en confcience que votre crédit fur le peuple de Dublin n'eft pas furpayé avec deux mille livres par an?... Il n'y a pas de patriote, quelque zèlé qu'il paroiffe, qui ne vendît le fien pour la moitié de cette fomme, & tout ce que je puis vous dire, c'eft que le Viceroi n'eftime pas le vôtre la dixieme partie de ce que vous demandez. Je vous donne fix minutes pour faire vos réflexions; confentez à ma demande ou renoncez à la vôtre. Vous ne pouvez l'obtenir que par moi.

Perdrai-je ainfi deux mille livres par an, fe dit l'Alderman ? L'avarice répondit non, & il fuivit fes confeils.

Allons, Monfieur, je ne veux pas
avoir

avoir de différend avec vous. Faites-moi obtenir cette maudite entreprise, & je remplirai vos conditions. Il vaut mieux avoir cela que le stérile honneur de conduire une vile populace. Je n'ai déja que trop nourri d'indigens patriotes, & je m'ennuie d'éloges qu'il faut payer au poids de l'or.

Je verrai ce soir le Lord-Lieutenant & vous rendrai demain sa réponse, dit Patrick en lui serrant la main.

Cela est bon ; rejoignez la compagnie pendant que je vais faire ici un acte relatif aux arrangemens que nous venons de prendre.

Voilà une heureuse journée, dit notre Héros ; il semble que la Fortune ait oublié tout le monde pour ne s'occuper que de moi. De toutes les femmes

II. Partie.   H

que j'ai vu à Dublin , Miſtriſſ Clifter eſt
celle qui me convient le mieux , & qui
me plaît davantage. Peu d'entre elles
auroient refuſé le pari que je lui ai pro-
poſé.... L'appas étoit ſéduiſant,... une
femme déſintéreſſée ne peut être fon-
cièrement vicieuſe , c'eſt le ſentiment
ſeul qui doit la décider. Je trouve dans
la conduite de Miſtriſſ Clifter une décence beaucoup plus attrayante que la
voluptueuſe ardeur de la Comteſſe , &
la coquetterie de Miſtriſſ d'Alton. La
tendreſſe de ſes regards , la douceur de
ſa voix , ſon air timide & modeſte , tout
annonce en elle une femme à ſentiment.
Le libertinage eſt trop viſible dans les
traits des deux autres. Dans ma nouvelle
maitreſſe , c'eſt le cœur ſeul qui parle...
Mais ne ſuis-je pas trop partial ſur ſon

compte?.... La femme eſt ſi trom-
peuſe.... Je dois me défier de mes ſens,
ils pourroient encore égarer ma raiſon.
Ah ! ſi je ſuis aſſez heureux pour que
Miſtriſſ Clifter me confirme dans la
bonne opinion que j'ai d'elle, je prendrai
congé de la Comteſſe & de la digne
épouſe de l'Alderman.

CHAPITRE XIX.

EN l'abſence de notre Héros, Miſtriſſ s'étant convaincue que la paix de l'ame provenant d'une conduite vertueuſe étoit préférable à des plaiſirs coupables, elle réſolut de ne pas s'expoſer à un danger que trop de ſenſibilité ne lui permettoit pas de vaincre.

C'eſt par la fuite ſeule que je puis éviter ma défaite, ſe dit-elle. Quand tout le monde me croiroit innocente, il ſuffiroit que je fuſſe dégradée à mes propres yeux pour devenir la plus malheureuſe des femmes ; les remords me pourſuivroient chaque jour.... Hélas ! je ſens toute la rigueur du ſacrifice que je dois faire.... mais la raiſon l'exige,

& l'honneur le commande.... Pourquoi
fuis-je venue ici aujourd'hui! Ah, mon
cœur eſt déchiré par l'amour & par la
vertu?

La préſence de notre Héros fit éva-
nouir ces ſages réſolutions. Trop délicat
pour la rendre le ſujet de la critique
des autres femmes, il fit ſemblant de
ne pas s'appercevoir du trouble qu'il lui
cauſoit, & fut ſe placer derrière le fauteuil de Miſtriſſ d'Alton qui lui dit à
l'oreille :

J'aurois deſiré vous avoir ce matin pour
vous conſulter ſur quelques bagatelles
que je veux me donner. Les yeux d'un
Amant ſont les meilleurs juges de nos
parures, ce qu'ils choiſiſſent eſt toujours
ce qui nous ſied le mieux. Trouvez-vous
donc demain à midi chez Miſtriſſ Price ,

rue Saint-Etienne; n'y manquez pas, mon cher Patrick.

Je m'en garderai bien, répondit-il profitant de la situation où il se trouvoit pour coller ses lèvres sur les siennes.

Je ne conçois pas, se dit notre Héros, comment on peut résister aux caresses d'une jolie femme; *les hommes qui ont cette prétendue force, la doivent certainement plus à leur foiblesse qu'à leur vertu. Moi qui ne leur ressemble point, & qui m'imagine que toute femme ayant un cœur comme le nôtre doit avoir les mêmes desirs, que je suis par-conséquent pour elles ce qu'elles font pour moi, & qu'il n'y a qu'un amour réel de leur devoir, qui puisse balancer celui que nous leur inspirons, je veux voir auquel des deux, Mistriss Clifter* donnera la préférence, & fi fes beaux yeux ne quitteront pas pour moi le livre de mufique dont elle paroît fi fort occupée.

Il s'approcha d'elle ; & après quelque réfiftance il en obtint la permiffion d'aller la voir en l'abfence de fon mari, que des affaires retenoient à Cork pour quelque temps.

Où allez-vous donc, lui dit-elle d'un air tendre, voyant qu'après cette permiffion il fe préparoit à fortir ; eft-ce que vous ne foupez pas ici ? Quoique je fente toute mon imprudence, en defirant que vous y reftiez, je ne puis me faire à l'idée de vous voir partir. Ou voulez-vous aller ? dites-le moi ; chez Lady Dempfter peut-être ?..... votre liaifon avec elle m'inquiète....... Et

Miftriff d'Alton..... J'ai tout vu.....
Hélas ! je n'ai qu'un cœur tendre à oppofer à leurs charmes !.... fuffira-t-il
pour m'attacher le vôtre , pour le rendre
conftant ? le moindre partage me dé-
foleroit. Ne me trompez pas, m'aimerez-
vous toujours ; n'aimerez-vous que moi ?

Patrick diffipa fes craintes : mais la
certitude de faire fa cour au Viceroi en
lui annonçant la trahifon de d'Alton
envers fa patrie, l'emportant fur le defir
qu'il avoit de refter avec Miftriff Clifter,
il fe leva pour prendre congé d'elle.

Je profiterai demain , belle Amélie ,
de la permiffion que vous avez daigné
m'accorder. Confervez-moi les fenti-
timens dont vous m'honorez , mon
bonheur en dépend.

CHAPITRE XX.

J'AI grand tort, dit notre Héros en allant chez le Viceroi, de chercher à séduire une honnête femme, dont l'inclination naissante se dissiperoit, si je ne m'efforçois de l'entretenir. A juger de son caractère, par sa conduite, mon bonheur la rendra malheureuse ; au milieu de mes transports & des siens, elle gémira d'avoir trahi ses devoirs.....
Mais est-elle réellement vertueuse? Les femmes sont bien savantes dans l'art de tromper, & cet art est si étendu !......
Qui n'auroit pas juré que Cordélie étoit l'innocence même! Pour bien connoître Mistriss Clifter, il faut que je la mette à l'épreuve.

H v

Son Excellence enchantée de la conquête de l'Alderman, assura notre Héros qu'il méritoit plus que sa pension, puisqu'il avoit gagné d'Alton sans aucuns frais pour le Gouvernement, qui n'auroit pas hésité à acheter son crédit par des sacrifices très-considérables.

Amenez-le moi demain matin de bonne heure, lui dit-il. Je prendrai mes arrangemens avec lui. Quant à vous, je récompenserai votre zèle & vos succès par plusieurs Billets de la Loterie Royale, en attendant qu'il vaque une place digne de vous.

Mais à propos, ajouta Son Excellence, après quelques minutes de réflexion, je désirerois que vous ne fussiez pas aussi souvent chez Lady Dempster. Vous seriez, je crois, un rival dangereux.

Vous me faites bien de l'honneur, Mylord, répondit Patrick ; mais je fuis perfuadé que Lady Dempfter rend trop de juftice à votre mérite pour faire la moindre attention à moi.

Le mérite, reprit Son Excellence, n'eft pas toujours ce qui attache les femmes. Combien de fois avez-vous été chez elle !

Deux fois, Mylord.

Que deux fois ! ce n'eft pas trop ! actuellement que je me charge de votre fortune, vous n'avez plus befoin d'elle.

Mais fi offenfée de ce que je la néglige, elle m'en demandoit la caufe ?

Eh bien, vous lui diriez tout ce qu'il vous plairoit, excepté la vérité.

Elle penfera peut-être que vous me défendez de la voir.

Dieu m'en préferve ; ce foupçon feul fuffiroit pour la rendre amoureufe de vous, & vous fentez, Patrick, que cela ne m'arrangeroit pas.

Je vous affure pour mon compte, Mylord, que je n'aime ni ne me foucie d'être aimé de cette Dame.

C'eft bien dit ; & croyez-vous pouvoir toujours conferver cette indifférence ?

Votre Excellence peut y compter.

Puifque cela eft ainfi, je vous permets de la voir..... Rarement toutefois.

Oh ! jamais, fi vous l'exigez, Mylord.

Non, non ; réflexion faite, il ne faut pas qu'elle aille fe mettre dans la tête que c'eft moi qui vous empêche de la voir. Je connois trop les femmes, pour ne pas favoir que les contradictions irritent leurs defirs.

Après avoir diverti Son Excellence de la fcène qu'il avoit eue avec le Député des Communes, notre Héros fe retira chez lui, repaffant les événemens de fa journée, remerciant la Fortune de fes faveurs & réfléchiffant fur les meilleurs moyens d'éprouver Miftriff Clifter, auprès de laquelle cependant il defiroit au fond du cœur de ne pouvoir réuffir.

CHAPITRE XXI.

INCERTAIN de la tournure que prendroit fa nouvelle intrigue, Patrick jugea prudent de remettre à un autre jour les vifites qu'il avoit promis de faire à la Comteſſe & à Miſtriſſ d'Alton. Il crut néceſſaire auſſi de leur écrire un mot à chacune, pour excuſer ce manque de parole : il s'en occupoit; lorſqu'on lui apporta les mille livres de M. Plump, & un billet dont il ne connoiſſoit pas l'écriture, conçu en ces termes :

A M. OHARA.

« Vous êtes trop aimable, & je fuis » née trop tendre, pour n'avoir pas » tout à craindre des fentimens que vous

» m'avez infpirés. Ce n'eft qu'en m'éloi-
» gnant de vous que je puis éviter de
» me rendre coupable. Adieu, mon cher
» Patrick ; être obligée de fuir ce que
» l'on aime eft le tourment le plus
» affreux ».

Dieu foit loué, s'écria notre Héros,
j'ai trouvé une femme vertueufe. Son
exemple me trace le plan de vie que
je dois adopter, & je fuis déja affez
riche pour le fuivre. Les conquêtes que
j'ai faites jufqu'à ce jour, ne font pas
affez glorieufes, pour qu'un homme
délicat puiffe s'en féliciter ; cependant
mon amour - propre en eft flatté, &
mon cœur n'eft pas encore entièrement
fermé aux charmes de l'ambition & de
la volupté ! Oh, Henriette, Henriette,
que je mérite peu ton amour !

Cette réflexion ne l'empêcha pas d'écrire à Sir James Walter, pour l'informer de ses succès, & le prier de vouloir bien remettre le billet suivant à sa Belle.

« Quand la fortune m'aura accordé » quelques faveurs de plus, j'irai les » mettre aux pieds de l'aimable & » vertueuse Henriette ».

PATRICK OHARA.

Ce billet est bien laconique, dit notre Héros, mais puis-je parler d'amour à Henriette, lorsque je brûle de voler dans les bras de la Comtesse & de Mistriss d'Alton ! Que l'homme est foible & inconséquent ! Ma raison sera-t-elle toujours subjuguée par mes sens ! Agirai-je toujours contre mes sentimens & mes idées, & continuerai-je à m'égarer dans une carrière dont je connois tout le danger! Quoi! la jeuneſſe & la vertu ne peuvent-elles s'accorder? Et ce que l'une commande ſera-t-il toujours détruit par l'autre? Avec quelle rapidité le plaiſir & la beauté renverſent les meilleures réſolutions.

L'heure de ſon rendez-vous avec Miſtriſſ d'Alton venant à ſonner, notre Raiſonneur oublia tout pour s'y rendre.

Après avoir aidé cette belle Dame à choiſir quelques ajuſtemens dont elle vouloit, diſoit-elle, ſe parer pour lui plaire, il courut chez le Lord Carthegan qui l'attendoit à dîner & qui le mena le ſoir à la taverne G.....

C'étoit là que ſe raſſembloient chaque jour une foule de frippons titrés & de riches imbécilles pour s'enlever mutuellement leur fortune & se livrer à des débauches honteuses qu'ils payoient aux dépens de leurs mœurs & de leur argent. Patrick y fut reçu avec la plus grande honnêteté, & chacun demanda au Lord qui l'amenoit, *a-t-il la bourse bien garnie?* Sa réponse étant conforme à leurs desirs, ils redoublèrent d'égards pour notre Héros, qui en moins de dix minutes se trouva intimement lié avec des gens qu'il ne connoissoit que par leurs noms & par leurs titres. On apporta des dez, & le sacrifice commença.

Monsieur, dit à Patrick le Lord Car-thegan, comme c'est moi qui vous ai amené ici, je crois qu'il est de mon honneur de vous donner un petit avis. Si vous jouez, songez à défendre votre argent le mieux que vous pourrez, car je vous préviens que fur cet article nous ne voulons , ni n'accordons de grace.

Je vous remercie de l'avis , répondit notre Héros ; & il s'affit à côté de fon Introducteur , qui avoit déja pris place à la table de jeu.

Surpris de la quantité d'or & de billets de banque qui devenoient la proie de ceux que la Fortune favorifoit , Patrick ne pût s'empêcher de défirer le même bonheur , & fe lança bravement au milieu des hafards. Ils ne lui furent pas favorables au premier choc ; mais fon courage augmentant en proportion de fes pertes , il renouvella le combat avec tant de vigueur & de prudence , qu'il remporta enfin une victoire com- plette. Il ne la dut qu'au fang-froid qu'il avoit eu l'adreffe de conferver en dépit des rafades répétées & des fumées du Champagne. Une fois mis en déroute l'ennemi ne pût fe rallier, & fon vainqueur chargé de fes dépouilles, rentra chez lui couronné de lauriers.

CHAPITRE XXII & dernier.

JAMAIS homme en aufli peu de tems, dit Patrick en couvrant fa table de billets de banque, n'a fait une aufli grande fortune que la mienne !

Et dans un tranfport de reconnoif-fance pour l'Être Suprême, il le remercia à genoux des faveurs qu'il lui avoit accordé.

Je ne dois plus tenir une conduite que ma fituation feule pouvoit juftifier, continua-t-il en regardant fon tréfor avec complaifance. La mifère m'a forcé jufqu'ici à me dégrader. Pouvois-je me livrer à la vertu, lorfque j'étois dans la néceffité d'applaudir aux fottifes de mes

protecteurs, & de me plier à leurs vices.
Ce motif n'existe plus & ne pourra désormais servir de prétexte à mes passions.
Que je suis heureux d'avoir enfin l'heureuse liberté de suivre l'honneur & la
probité. Qui sait à quel excès l'ambition
m'auroit entraîné par degrés ! Vil
esclave du Gouvernement, ne me serois-
je pas à la fin endurci à ses injustices :
& au milieu d'une Cour corrompue,
n'en aurois-je pas suivi les principes ?
Oui, sûrement, je les aurois adoptés &
serois devenu aussi coupable que ceux
qui la composent. Quand le vice est
ouvertement soutenu & encouragé par
des récompenses, quel homme, à moins
qu'il n'ait l'ame d'Epictète, ne sera pas
tenté d'abandonner la vertu ? Pour éviter d'être criminelle, Mistriss Clifter me

fuit ! Grands Seigneurs ! grands Politiques ! en eſt-il beaucoup parmi vous qui auroient ce courage? Ayons celui de rendre à la raiſon tous les droits qu'elle avoit perdu ſur moi. Avec près de vingt mille livres, & les rentes que j'ai obtenues, je puis mener une vie d'autant plus heureuſe, qu'elle ſera dégagée des inquiétudes & des remords qui tourmentent les ambitieux. Dans la ſociété de la vertueuſe Henriette, je jouirai d'un bonheur dont je n'avois ſaiſi que l'image dans mes amours paſſagers, j'aurai des amis, je renoncerai aux protecteurs, & je ne ſerai plus obligé de flatter des gens que je mépriſe.

C'eſt ainſi que l'eſprit juſte & le cœur droit de Patrick l'éclairèrent ſur ſes vrais intérêts, & l'emportèrent ſur la vaine gloire de ſe faire diſtinguer plutôt par les honneurs que par un mérite réel. Dans un âge où la plûpart des hommes ſont entraînés par le plaiſir, l'orgueil ou l'intérêt, il eut la fermeté de ſecouer leur joug & de conſacrer à la Religion, la vertu & l'honneur, dés jours que la Nature, la mode & les avances de la beauté le preſſoient vivement de livrer à la diſſipation, la débauche & le vice. Il ſacrifia ſa liberté à l'aimable Henriette & n'eut jamais lieu de s'en repentir.

F I N.

CPSIA information can be obtained at www.ICGtesting.com
Printed in the USA
BVOW10s1429270114

343141BV00011B/970/P